TEORIA MODERNA

Conceptos de Interpretación de los Sueños

El concepto psico-espiritual

Eduard Schellhammer

1ª Edición 2016.
Traducción de la 1ª edición en alemán (revisado 2012):
Das analytische Handbuch der Traumdeutung. Die psychisch-geistige Konzeption
© Copyright. Dr. Eduard Schellhammer.
Todos los derechos reservados.

ISBN-13: 978-1537632117
ISBN-10: 1537632116

www.EdwardSchellhammer.com
www.EduardSchellhammer.com
www.SchellhammerBusinessSchool.com
www.SchellhammerInstitute.com

Indice

Sobre el Autor

Dr. Eduard Schellhammer es el fundador y presidente de 'Schellhammer Business School' y 'Schellhammer Institute'.

Es especialmente notable encontrar Dr. Eduard Schellhammer, aparte de su agradable y amable ser, es su disposición aparentemente joven de vista apasionada y honesta sobre la humanidad y el planeta, y su convicción firme que el mundo necesita una nueva educación pionera.

¿Pero quién es exactamente Dr. Eduard Schellhammer? ¿Es un filósofo, un experto de asuntos humanos, un psicólogo, un autor que ha editado más de 30 libros sobre Psicología, Política y Economía, un educador o visionario con una vista profunda y útil en las condiciones del ser humano?

La respuesta es que él es todo eso y más. En diversas épocas le hubieran nominado un sabio y erudito universal. Probablemente lo hubieran añadido a la lista de los 'grandes iluminados' del ciclo de las luces como por ejemplo el compatriota Jean Jacques Rousseau, o Thomas Payne, y probablemente también Thomas Jefferson.

Es exactamente ese regalo de iluminación que Dr. Schellhammer quiere dar a la humanidad.

Él revela: "Mis estudios, viajes globales, experiencias profesionales y amplias exploraciones desde 1970 me han dado una clara y única comprensión de la humanidad y de la evolución humana, la espiritualidad, la educación, las culturas, las necesidades, los valores, los estándares y nuestra meta de vida como nada más."

Haciendo una pausa Dr. Schellhammer continua: "La humanidad todavía no ha empezado a descubrir para qué el camino verdadero de la vida humana en esta tierra es fundamentalmente bueno y correcto."

Nacido y educado en Suiza, él vivio en Paris, Sur de la Francia, London, Kiel, Detroit y México; para luego en 1988 establecerse en Marbella (España).

Estudiaba la ciencia de educación, psicología, psicoanálisis y filosofía.

Fue Rector en la Universidad de Zurich y Lector en otras instituciones académicas. Miembro de un club de científicos, se dedicaba con energía inmensa a la investigación sobre el futuro, las perspectivas futuras de la humanidad, de paz y desarme, la educación en Latinoamérica y los grandes problemas globales en general. Su foco era una nueva comprensión de la política y economía para el futuro. Los resultados de sus exploraciones son indispensables para todos que aman la vida, el amor y la justicia.

Él da mucha importancia a la teoría de la interpretación de los sueños; un tema que ha explorado extensamente durante décadas. Él está enteramente convencido de la importancia que tienen los sueños. Hace 35 años tuvo un sueño que decía que él tiene que buscar el misterio del ser humano y de la evolución humana.

Categóricamente dice: ¡Mi primera reacción fue que eso es una misión imposible! Pero continué con la misma convicción: "Pero hoy pienso no. He descubierto todos los componentes fundamentales que aclaran el misterio del ser humano y la evolución humana."

De su experiencia profesional él ha escrito muchos libros que incluyen un campo amplio: Individuación (el desarrollo personal holístico), la teoría de los sueños y su interpretación, soluciones para problemas, el inconsciente individual y colectivo, el amor y las relaciones de pareja, los arquetipos del ser humano, el futuro del ser humano, la educación global, una nueva filosofía antropológica, didáctica de enseñar, métodos de consejos y de coaching.

Los modos de encontrar todos los procesos - psíquicos, espirituales y prácticas - y los códigos arquetípicos de la evolución humana son bien documentados como nunca antes en la historia de la humanidad. Todo lo que un individual tiene que aprender está elaborado en sus libros.

Él tuvo durante los últimos 35 años alrededor de 14.000 sueños sobre el estado y desarrollo de la humanidad, del mundo y del planeta. Innumerables sueños le han enseñado lo que es fundamentalmente importante para el futuro de la humanidad y su evolución.

Durante las mismas décadas tuvo alrededor de 3.000 sueños sobre la evolución arquetípica de la humanidad (del ser humano), sobre el estado y los potenciales de la psique de la población global, y sobre el otro mundo y Dios. Estuvo en sus sueños en el más allá, en el paraíso divino; experimentó la "unión con Dios" y muchos más procesos arquetípicos. Él ha elaborado profundamente todo eso con alrededor de 80.000 horas de exploraciones e análisis.

Dr. Eduard Schellhammer dice: "El concepto psicológico, espiritual, arquetípico, educativo y practico más avanzado, hasta hoy nunca alcanzado - la antropología filosófica de la evolución humana arquetípica - está elaborado y puede guiar la humanidad hacia esperanza, justicia, equilibrio, verdad y cumplimiento."

Como el hombre mismo, sus libros no son para gente pusilánime: desafiante, pionero y vanguardia; nuevos caminos de pensar que incluyen la formación de la psique, el desarrollo personal, los valores humanos, la evolución humana, la vida, el mundo de los negocios, la política, la economía, la sociedad, la educación (publica) y la religión. Sus libros son para aquellos que buscan la verdad y un fundamental cumplimiento personal. Leer sus libros es aventura total para el espíritu (la razón, la psique).

Después de décadas extensas de exploraciones, investigaciones, análisis y escribir, a veces con un retiro personal, hoy Dr. Eduard Schellhammer está listo y a disposición para individuales e instituciones exigentes que quieren tener beneficio de sus programas de educación evolutivo y a medida

Todos sus libros (en alemán, inglés y español) se pueden pedir o comprar en Amazon o directamente en la recepción de Schellhammer Business School y Schellhammer Institute.

Sinopsis

1. El dormir, el soñar y el documento del sueño

El dormir – Las fases de REM – Los procesos fisiológicos del cerebro – El soñar vital para vivir – Los sueños molestan – Las fuentes de estímulo – La percepción subliminal – Los restos del día – El sueño manifiesto y latente – La aparición del sueño – El documento del sueño – El diario de los sueños – El sueño seleccionado y manipulado – El efecto subsiguiente de la experiencia onírica – El acordarse – Las dificultades en acordarse – El entrenar y el recordar – El sueño y el 'setting' de un sueño

2. Los tipos de sueños

Formar tipos de sueños – El análisis del contenido del material onírico – El diccionario de los símbolos – Los tipos de sueños caracterizados por temas singulares – Los tipos de sueños con la característica de llamamiento alto – Los tipos de sueños con la característica arquetípica – La clarividencia, la telepatía y la precognición (= sueños extrasensoriales) – Un fichero de temas de los sueños propios y sus imágenes onírica

3. El espíritu como fuerza que crea los sueños

El trabajo del sueño – La censura del sueño – Las actividades espirituales – Los sueños y la religión – El inconsciente colectivo – La nueva definición: La realidad del inconsciente colectivo – El espíritu en el alma – Las características del espíritu – Las características andragógicas de los sueños – La valencia (importancia del valor) de los temas oníricos – La andragogía en contra de la psicoterapia – Las metas de la psicoterapia y del psicoanálisis con la interpretación de los sueños – Las metas de la andragogía – Las funciones de rendimiento de los sueños – La genialidad de la fuerza que crea los sueños – El diálogo humano con el espíritu – Los rendimientos del hombre en el diálogo con sus sueño

4. Las imágenes y los símbolos en los sueños

Las imágenes oníricas sobre el ser humano y la vida – Los segmentos del contenido de los sueños – Los segmentos de imágenes en el sueño – Las imágenes como retrato (representaciones) de la realidad – Los retratos disonantes – Las imágenes como símbolos – Las características de un símbolo – El significado, el sentido y el valor – Las acciones y los acontecimientos simbólicos – Los aspectos críticos de acciones y acontecimientos simbólicos – Los escenarios simbólicos – Las simbolizaciones especiales – Los arquetipos – Los sueños arquetípicos

5. El campo de sentido de las imágenes y símbolos

Las Interpretaciones antiguas – El contenido de sentido subjetivo – Las ideas espontaneas (la asociación libre) – Los tipos de ideas espontaneas – Las amplificaciones – El campo objetivo de los sentidos de imágenes oníricas – La interpretación de los sueños como proceso de aprendizaje – La concordancia y el margen libre – La vivencia en el sueño y después del soñar – Las interpretaciones problemáticas – El nivel objetivo – El nivel subjetivo – Anima y Animus – El "sí mismo" ("self") – Con el espíritu desde el organismo psíquico hasta la individuación – Las polarizaciones de significados y sus coordinaciones – Las polaridades en la interpretación de los sueños

6. La arquitectura de los sueños

La macro-estructura de los sueños – Las estructuras arquitectónicas de los sueños – La construcción mínima: Los sueños muy pequeños – La construcción simple: El sueño pequeño – La construcción de una larga historia: Los sueños grandes – La construcción en secuencias (secuencias de sueños) – La construcción de series (series de sueños) – La arquitectura como medio de expresión verbal – La lógica de la arquitectura – La estructura del tiempo – La perspectiva retrospectiva – La perspectiva previsora (con finalidad) – La dimensión extrasensorial – La visión profética – El enlace entre el yo onírico y los demás/el mundo – El dinamismo de la energía – Los sueños mágicos

7. Las formas de creación de un sueño

La micro-estructura de los sueños – Las formas de comunicación – La vida como una lengua simbólica – Las imágenes que hablan – Las formas de creación: – La representación real – La alusión – La deformación – La intensidad de la vivencia – La causalidad – La compensación – Los contrastes – Las formas de hablar – La reducción – La elaboración secundaria – El cambiar al contrario – La condensación – La comparación – La mezcla – El desplazamiento – La valoración – Los juegos con palabras y cifras – El fortalecimiento de la conciencia onírica (sueños lucidos, sueños claros)

8. Los mensajes de los sueños

El sueño como "vía regia" al inconsciente – Una nueva definición del inconsciente – La energía psíquica del inconsciente – El sueño como "vía regia" para ser humano – Los mensajes oníricos y su relación a la realidad – La multitud (riqueza) de las imágenes oníricas – Un problema simple en imágenes oníricas – Los problemas complejos en imágenes oníricas – El espectro de los mensajes oníricos: – El ser humano – El pensar y el valorar (juzgar) – Los sentimientos – Las actitudes, las creencias y los ideales – El amor – Las necesidades psíquicas – Las fuerzas naturales y de pulsión – La biografía y la edad de vida – Los complejos (conflictos interiores) – Los sufrimientos – Las acciones diarias – Las potenciales y las oportunidades – Las relaciones – El mundo laboral – Los escenarios de la vida – La espiritualidad y la religión – El enlace con el mundo

9. La interpretación multidimensional de los sueños

Aprender a interpretar los sueños – Las tres fases de trabajo práctico de la interpretación – La primera fase de trabajo: Los 12 pasos de la interpretación: – La arquitectura – Las imágenes claves – El yo onírico – Las ideas espontaneas – La concordancia – La diferenciación – El procedimiento integrador – La interpretación total – Las consecuencias – El enlace de los sueños – Realizar las consecuencias – La evaluación – El protocolo de los sueños – La segunda fase de trabajo: Hacer preguntas sistemáticas y directivas: – Las personas – Las acciones – Los acontecimientos – La naturaleza – El mundo de los animales – Los objetos – Los escenarios – Lo misterioso – Los temas singulares – La tercera fase de trabajo: La elaboración psicológica y práctica: – Las acciones – El psico-dinamismo – El yo y sus funciones ayudantes – Los rendimientos inteligentes – Los sentimientos – Las necesidades – El inconsciente – La espiritualidad – El amor – El proceso de la individuación – La elaboración con imaginación – La elaboración en una relación terapéutica y analítica – La elaboración corporal – La elaboración creativa

El libro complementario es: El diccionario. Los símbolos y su campo de significados. 2000 imágenes y símbolos de sueños. 5000 Exploraciones de significado.

Imágenes, símbolos, arquetipos, acciones, acontecimientos, naturaleza, animales, objetos, escenarios, temas singulares, calidades de imágenes, todo de A hasta Z.

Introducción

Vivimos en un tiempo de grandes cambios, dentro de oposiciones sociales fuertes y de tensiones emocionales. La globalización, la tecnología informática y los "Hightech"-productos para cada habitación dan al ser humano tan pequeño y débil nuevas experiencias del ser. Más y más jóvenes empiezan a preguntarse a donde tiene todo eso que llegar. Por un lado, las iglesias se vacían y las instituciones esotéricas y espirituales tienen numerosa clientela. Por otro lado, al mismo tiempo se amplía el número de aquellos que se sienten interiormente vacíos, por eso buscan y preguntan críticamente: ¿Dónde y cómo puedo encontrar mi sentido de vida verdadero? Ellos buscan una orientación psico-espiritual, al ser humano auténtico y una existencia con sentido profunda.

Es difícil esta búsqueda del ser humano valioso. Pues vivimos ciertamente en un tiempo agitado. La vida diaria es intensa y llena de estrés. La velocidad es una pesadilla para mucha gente. El consumo y el placer, el ocio y las vacaciones nos prometen felicidad y cumplimiento. Eso queremos todos. Queremos también éxito, donde sea y como sea. Muchas personas aceptan sólo lo que se puede transformar en dinero o apariencia. Eso llega a una multitud de dependencias. A parte de esto los hombres tienen evidentemente muchas preocupaciones, falta de dinero y deseos de todo tipo. La interpretación de los sueños apenas tiene un sitio. ¿De dónde podría uno tomarse el tiempo para este mundo onírico tan extraño?

Las influencias en la vida psíquica de cada uno son enormes hoy en día. Los bienes de consumo atraen. Eso aumenta el egoísmo. Avidez, envidia, y agresividad contra todo lo humano parecen más y más como algo normal. La vida diaria es mecánica, funcional y orientada hacia el placer. Imágenes hermosas sobre la felicidad de la vida chocan mil veces al día contra el hombre. Dicen que es muy fácil y sin esfuerzo a alcanzar la felicidad. ¿Es verdad? Empujan al hombre de colaborar. Pero subliminalmente crean un miedo de vivir. El alto precio para esta auto-realización enteramente externa es una incapacidad psíquica. El hombre domina el mundo exterior, lo intenta al menos. Muchos viven ajenos a uno mismo en vez de hacia su vida. La vida interior se queda en la estacada. No podemos dominar nuestra vida psíquica. Muchos se ponen enfermos por esta forma de vivir tan vacía de espíritu.

El alma está indefensa. No colabora con este estilo de vivir. El alma sufre debajo. A pesar del boom psíquico una gran multitud todavía no quiere saber nada de su vida interna. La mayoría no sabe apenas más de un porcentaje de su vida psíquica. Muchos no son lo que piensan y pretenden ser. Esto llega a varias mentiras de vida, por ejemplo: "La vida psíquica no tiene importancia", o "la propia biografía ha pasado, acabado, por eso "¡olvídelo!"; y naturalmente los sueños son "patrañas". Eso dicen porque lo han oído así, y porque no lo quieren comprender.

Muchos han perdido su alma. Por lo tanto, no tienen ninguna capacidad de orientarse por medio de símbolos hacia el espiritual. Viven un sentido deshumanizado, solo un pragmatismo de sentido y centrado en el egoísmo. Las iglesias desperdician aquí su enlace a los grandes apuros psíquicos de los hombres y al espíritu en la vida interior. La vida onírica es relegada al consultorio psicoanalítico para aquellos que reconocen que sufren. Pero el alma quiere ponerse en un dialogo con cada ser humano. El problema es serio y muy importante: *La realidad pone fuertes exigencias y el alma también quiere meterse dentro con sus exigencias.*

Los sueños son el puente entre la vida exterior y la vida psíquica interior. Pero los sueños quedan como un llamador solitario en el desierto. El que toma su vida onírica en serio, y que quiere realizar la exigencia de la vida para una totalidad psico-espiritual, está en la tensión entre el mundo real y la ocupación con su propio mundo onírico. La interpretación de los sueños no es solamente un procedimiento, un medio para el descubrimiento de uno mismo y para solucionar los problemas muy importantes de la vida, sino que también es un desafío existencial de primera categoría. El contexto real de los sueños no es en su profundidad un problema de la relación entre símbolo, sentido y realidad. *La interpretación de los sueños está en el centro del ser humano psico-espiritual y evolutivo.* El que quiere vivir con sus sueños, tiene que saber esto y que ajustarse a esto. La persona tiene la decisión y la responsabilidad para la interpretación de los sueños. En el núcleo se trata de una actitud para o contra la vida psíquica interna. Afortunadamente él que se dedica a su mundo onírico no recibe ningún reconocimiento de la sociedad.

Mi tesis más esencial sobre la interpretación de los sueños psico-espiritual es: *"El Espíritu" es la fuerza que crea los sueños. El espíritu en el organismo psíquico es una fuerza impersonal informativa, organizadora y directora.* El espíritu es el principio activo del alma. El espíritu anima, estimula y es benévolo. El espíritu es la fuente de la sabiduría. Por tanto, el espíritu no es una creación humana, no es un producto de la cultura, sino una función espiritual y psíquica de cada alma. La actuación es andragógica, es decir: forma (educa) y dirige al hombre. Este espíritu es "el espíritu de Dios". Esto significa: Él que se dirige a sus sueños entra en el dialogo con el espíritu.

Esta tesis no es nueva. Miramos hacia atrás a las religiones antiguas, y encontramos por todas partes esta fuerza espiritual como fuente de los sueños, en el Egipto antiguo, en el Oriente medio, junto a los filósofos griegos y en muchas otras partes. Buda enseñaba que la voz de Dios llega por los sueños. En el Talmud el sueño es un mensaje de Dios. En todas las religiones desde las primeras culturas altas la revelación divina se efectúa por los sueños. En la Biblia los sueños son el mediador entre Dios y los seres humanos. Los sueños sirven al plano de salvación. Los sueños son la lengua del espíritu de Dios. Esto es una oportunidad que cada uno encuentra y realiza su destino por la fuerza de este espíritu. ¿Representar a Dios en la tierra y no enseñar y aprovechar los sueños como la fuente verdadera y propia de la revelación en todas las religiones no es la blasfemia y herejía más alta?

La concepción que presento aquí es "multidimensional". Esta forma de interpretar los sueños es más que una instrucción técnica. No se puede interpretar los sueños suficientemente con un método. La interpretación de los sueños es una ocupación muy seria del propio ser humano y de la vida propia. Es psicológico, espiritual y introspectivo. Pues todas las fuerzas psíquicas son el objetivo de los sueños. La interpretación de los sueños es algo práctico porque los sueños vuelven sobre todas las ocupaciones y los temas en la vida real. En general la interpretación de los sueños es espiritual en tanto que sea un dialogo con el espíritu y una integración del yo consciente en esta fuerza. También es filosófico pues exige una actitud hacia la vida que está abierta para todo lo que tiene sentido, para todo lo que está detrás de los fenómenos externos. *La interpretación es en su totalidad ética y moral porque exige la reflexión sobre el sentido (los valores) del propio ser y actuar.* La libertad del yo de integrarse en la autoridad del espíritu es un rendimiento moral. El espíritu deja al hombre la libertad de respetar las leyes éticas del alma. Pero el alma reacciona sin piedad, en el individuo y en el colectivo, cuando el hombre niega estas leyes y cuando trata a los demás y el entorno vital sin espíritu.

Este manual es una guía para aprender la interpretación de los sueños y para utilizarla. El manual ofrece una orientación en muchos aspectos del trato de sus propios sueños. Esto es también una ayuda para vivir. Pues los sueños quieren ayudar al yo a encontrarse a sí mismo, a desarrollarse, a crecer en su totalidad y a tener una visión clara de la vida. Con los sueños el hombre puede aprender a crear su propio destino. Enseñan caminos de soluciones para todo tipo de problemas en la vida y ayudan en los sufrimientos. Interpretar los sueños promueve la creatividad, la intuición y la capacidad del pensar. La elaboración de los sueños ya es una Psico-higiene y a menudo una experiencia activa de curación. Los sueños guían al hombre a través su proceso psicoespiritu entero, llamado "Individuación". Este proceso llega al final a los misterios del ser humano, al espíritu mismo y por eso a Dios en el alma. Entonces tiene importancia: *La religión que no integra el espíritu en el alma, y con esto tampoco integra la interpretación de los sueños, es una religión muerta.* Y la educación del ser humano sin espíritu no vale ni la mitad.

En la primera parte del manual he intentado hacer un orden nuevo de la interpretación de los sueños. Me he esforzado en construir los aspectos singulares según principios didácticos. Las piedras de construcción son puestas en una sucesión conveniente y sirven para aprender autodidácticamente con facilidad. Hay aspectos nuevos. El concepto de la interpretación de los sueños que presento, ciertamente no es un eclecticismo, no es una serie aditiva y tampoco es un resumen de las teorías múltiples. La concepción corresponde a una síntesis integradora de las teorías diversas. La exposición crítica de las posiciones psicoanalíticas es referida en el libro "Empírico de la individuación". Desisto de repetirla. Hay suficientes exposiciones históricas. Por eso aquí no voy a desarrollarlas. Con el concepto del espíritu como fuerza andragógica en la psique llevo la teoría y la práctica de la interpretación de los sueños a un nuevo nivel.

El diccionario (parte II) me ha hado bastantes quebraderos de cabeza. ¿Hay que integrar mil imágenes oníricas, o dos mil o aún más? ¿Tiene sentido presentar un símbolo que aparece quizá una vez en doscientos mil sueños? Me hice una y otra vez la pregunta: ¿Dónde encontré esta imagen y símbolo en sueños conocidos por mí? ¿Corresponde la interpretación con la imagen y símbolo? El diccionario de los sueños ofrece muchos estímulos, demuestra un espectro de sentidos adecuados, pero nunca una interpretación fija. Me he esforzado en integrar aquellas imágenes e incidentes oníricos que he encontrado en mi trabajo profesional con la interpretación de los sueños. Ciertamente me he orientado en muchos libros científicos para alcanzar una multitud amplia y equilibrada de imágenes y de interpretaciones.

En los últimos 20 años he elaborado más de 50.000 sueños de mis clientes. Yo mismo desde más de dos decenios estoy soñando cada noche varias veces, y los memorizo por lo general. Hace muchos años soñaba en el 95% de los casos sobre mi ser humano, mi desarrollo y mi vida, sobre todos los procesos de transformación de mi alma. El resto de los sueños trataban de asuntos reales de mi entorno. Hoy sueño en el 80% de los casos sobre los hombres, sobre la política y sobre los problemas del medio ambiente, sobre el desarrollo de nuestra sociedad en el siglo 21, sobre la religión, sobre Dios y la "historia de salvación". (Los refiero extensamente en el libro "los procesos arquetípicos del alma".) Cuando alguien me presenta sus problemas, luego yo sueño sobre eso y sobre los caminos de solución practicables. Si veo en la tele algún gran acontecimiento político explosivo, sueño después lo que no se ve en la tele sobre esto. Esto es seguro: La fuerza que crea los sueños demuestra al yo todas las realidades, también aquellas que no se ven con el ojo real.

Los sueños son un mundo fascinante. Reflejan nuestro ser humano psico-espiritual y nuestra vida entera. Demuestran nuestro origen y nuestro fin. Cada sueño es un enigma porque habla un idioma extraño. Mucha gente no tiene la apertura para la lengua simbólica. Pero se puede aprender. Los sueños y su interpretación no son simplemente para "adeptos". El alma invita a cada uno a entrar en el diálogo con ella. Imprescindible es la autorresponsabilidad tras la apropiación de competencias. La interpretación de los sueños no es un juego colectivo. Los sueños son una esfera muy íntima, no es una diversión y tampoco un chiste. *Todo lo que podemos saber sobre el ser humano y su vida, sobre Dios y el espíritu lo encontramos en nuestros sueños.* En eso está la oportunidad valiosa para encontrar y vivir el amor, la veracidad y el espíritu. Por lo tanto: "¡Experimenta y vive y aprende al fin que todo lo que tiene valor sale de tu alma!"

El esfuerzo para desarrollar más la teoría y la práctica de los sueños no es un placer académico. Tiene que servir al hombre. Pues la interpretación de los sueños es vital para vivir un ser humano evolutivo. Es un hecho que hasta hoy en día la teoría, la interpretación y los conceptos sobre la vida inconsciente vienen casi exclusivamente del psicoanálisis. Con mi formación académica de Pedagogía y andragogía observo con gran pesar que la ciencia entera sobre la educación del ser humano al nivel académico y práctico ha evitado mayoritariamente esta realidad durante todo el siglo 20. Esta ciencia no ha atribuido nada, pero nada de nada de esto para la educación del hombre psico-espiritual. Por lo tanto: *El mundo onírico tiene que ser explotado e incorporado en sus prácticas por los pedagogos y andragogos en el siglo XXI, y también por los curas y sacerdotes.* Pues el espíritu – y con eso la vida onírica – es principalmente andragógico (pedagógico) y no psiquiátrico o terapéutico.

Durante muchos años dejé para más tarde abordar esta obra. Después de haber terminado todos los otros proyectos (ver lista de publicaciones) decidí con tardanza empezar este trabajo. En esos días se me apareció Sigmund Freud en un sueño. Dijo: "¡Sí, eres la persona legítima para continuar mi obra!" Ahora, hoy en el inicio del año 1999 he terminado esta obra. Con el psicoanálisis de Sigmund Freud empecé hace 20 años mi camino. He encontrado e integrado la naturaleza de mi ser humano. Con la concepción de la Individuación de Carl Gustav Jung pude llevar a cabo todos los procesos arquetípicos del alma. Con mucho respeto y con agradecimiento muy especial me siento ligado a estos incomparables pioneros del mundo onírico. Mi proyecto de una revisión total de la individuación y de la teoría e interpretación de los sueños no hubiera podido realizarse sin estos fundamentos.

Nunca podía comprender por qué Sigmund Freud con su rendimiento pionero tuvo que enfrentarse con tanto negación y odio. Incomprensible era para mí como Carl Gustav Jung tuvo que soportar tanta hostilidad, falta de juicio e insolencia fuerte. Hoy he comprendido: En la crucifixión de Jesús Cristo se refleja la parte oscura del ser humano arcaico: el rechazo y la ignorancia de la vida psico-espiritual y del espíritu en el organismo psíquico. Pues, Cristo como arquetipo refleja el ser humano entero en Dios y en el espíritu, revelado y realizado a través de los sueños.

El espíritu quiere la evolución psico-espiritual con amor, con veracidad y con espíritu. Otra fuerza en el hombre se rebela contra esto casi a toda costa. Es como un juramento oculto entre los hombres que quiere decir: "No hay un organismo psíquico. No hay un espíritu. Él que lo encuentra y lo revela es castigado ignorándolo y proscribiéndolo" Tanto aprendí de los sueños: Los sueños muestran todo lo se esconde detrás máscaras y fachadas. Los sueños revelan la realidad que el hombre no quiere ver. Los sueños muestran si una religión es verdadera y viva. Las posiciones políticas y toda la vida colectiva se reflejan en los sueños como están. También encontramos en los sueños la verdadera realidad de enseñanzas esotéricas, de iluminados y de todo tipo de conceptos y de personas que educan a los hombres en general.

Nada en este mundo puede darnos una visión tan clara como los sueños. *Los sueños nos hablan de la verdad inexorable.* Por esto y solo por esto en nuestra sociedad se perscribe inquisitorialmente cada revelación sólida y profunda del misterio del ser humano psico-espiritual como hace cientos de años. ¡Esperamos que esto cambie en el siglo XXI!

Ahora tenemos la oportunidad para las generaciones del futuro de que se liberen de esta culpa genealógica, es decir que no acepten este patrimonio hereditario de rechazo y negación de la vida psico-espiritual de sus padres y madres. Efectivamente en Europa se amplía más y más el grupo de personas que buscan su ser humano en el interior y en sus sueños. No podemos alcanzar nuestra totalidad psico-espiritual, la gran meta de la individuación sin dialogo con los sueños, es decir con el espíritu. Así la humanidad no tiene un buen futuro.

Me alegro si han salido bien al menos los fundamentos para un nuevo desarrollo de la teoría y de la interpretación de los sueños. El concepto psico-espiritual de la interpretación de los sueños está basado en los principios de efecto del espíritu en el alma. Y el alma por su lado está incorporado en un nuevo concepto de la autoeducación entera y de la individuación (ver la lista de las publicaciones). Así he abierto las puertas para una educación entera de los hombres. El siglo XXI necesita visiones y conceptos de educación práctica y abierta hacia el futuro, equilibrados y fundamentados en el espíritu, en el organismo psíquico y en el entorno vital.

Sería una bendición para el hombre, no solo para aquellos en miseria y sufrimientos, si todos los pedagogos (para jóvenes) y "andragogos" (para adultos), todos los curas y sacerdotes se convirtieran en expertos de la interpretación de los sueños y de la individuación. En tiempos anteriores los políticos buscaban consejos en interpretadores de sueños. Sería una buenaventura si hoy en día los políticos y los managers en todas las partes de la vida colectiva tomasen en serio sus sueños. Es esto es otro aspecto de la visión: Los profesionales en el sector de los medios se orientarían en la fuerza de su espíritu.

La prosperidad recibe su sentido profundo y estará cumplido no antes de que este "haber" sirva para el "ser" y la vida. Este ser y esta vida son esencialmente psico-espirituales. *El espíritu en cada hombre es una fuerza creativa, es indicador de camino hacia paz, justicia y una humanidad psico-espiritual.* Por nada se puede emplazar el espíritu. Con el objetivo de que el hombre encuentre su ser humano psico-espiritual, que forme su ser interior y que lo desarrolle hasta la totalidad más alta posible, y que así se realice en la vida, he escrito este manual de los sueños.

Eduard Schellhammer

1. El dormir, el soñar y el documento del sueño

El dormir

El hombre quiere dormir sin ser molestado. Quien no puede dormir, lo experimenta como molestia. En su mayoría lo es. Los hechos del día y las preocupaciones absorben. Pero es raro que uno se duerma enseguida. Es muy normal que los recuerdos del día pasen la mente, que los sentimientos surjan, que las cosas del día anterior pasen por la conciencia retirándose lentamente. Algunos experimentan un despertar en medio de la noche también como molestia. No los es en la mayoría de los casos. Pues son fases intensas del soñar que llaman al yo.

➢ Dormir sanamente no significa que uno tiene que dormir durante toda la noche sin interrupción.

Un hombre que vive 70 años pasa alrededor de 27 años durmiendo. Pero dormir no es una disipación de tiempo. El cuerpo duerme, el alma nunca. El alma necesita para vivir que el cuerpo duerma. La vida onírica es un procedimiento psíquico durante el dormir. Durmiendo la vida del alma es también un dialogo con el yo. Este dialogo se realiza de forma óptima durante el dormir. No importa si es agradable o no para el yo, está soñando. Los sueños vienen sin llamarlos. No preguntan si son bienvenidos. El yo no se puede defender contra el soñar, solamente contra el recuerdo, y esto no siempre.

➢ Dormir y soñar son procedimientos personales, íntimos, fisiológicos y psico-espirituales.

Las fases de REM

Echemos un vistazo en las exploraciones del laboratorio sobre dormir y soñar. Las investigaciones demuestran que cada hombre sueña cada noche. Con un intervalo de alrededor de 90 minutos, en el ritmo de las fases de REM (**R**apid **E**ye **M**ovements) la actividad del cerebro es muy activa. Los fluidos en el cerebro están casi en el estado despierto. En estas fases los ojos se mueven bastante. La primera fase de REM dura sólo 3 o 4 minutos. Las cuatro o cinco fases siguientes duran más; la última dura hasta una media hora.

En estas fases de REM el soñar es especialmente activo. Muchos sueños duran solo unos segundos, otros dos minutos y muchos como máximo cuatro o cinco minutos. Los sueños en la última fase de REM son obviamente vivos, emocionales, con fuerte energía, dramáticos y raros. También entre las fases de REM se puede soñar, pero son menos intensas y menos vivas. Estos sueños son en su mayoría menos emocionales, activan menos sentimientos. Un hombre de 70 años ha soñado en total alrededor de cinco años.

Parece que el hombre sueña en la primera fase más de hechos actuales, luego más de temas del pasado y en la madrugada de nuevo más sobre actualidades. Pero no son ciertos estos conocimientos. Existen investigaciones que opinan lo contrario. ¿Es importante? Esto es importante:

➢ En la misma noche podemos soñar sobre el pasado y el presente, cosas de mucha importancia y cosas con menos importancia.

Los procesos fisiológicos del cerebro

La investigación sobre sueños identifica en el soñar diversos procesos fisiológicos. Podría ser adecuado comprender el soñar como una eliminación de basura mental para crear capacidades de memoria que necesitamos para los rendimientos diarios. Pero hablar de "ensalada de imágenes", "película cerebral" o "castillo de fuegos electrónicos" sirve más al placer que al asunto. Los investigadores sobre el dormir pueden ciertamente creas sus chistes, quizá como el cirujano que dice que en sus miles de operaciones nunca había encontrado una pieza del alma. El mensaje de la lengua del alma no se puede coger con la neurobiología.

➢ Las investigaciones sobre los sueños de la psicología profunda y de la educación humana se orientan en el mundo de los sentidos, en el tema espiritual y filosófico en los sueños.

El soñar vital para vivir

El organismo físico entero participa en el soñar: La respiración, los movimientos, la frecuencia del corazón, la presión sanguínea y a veces el hablar. El dormir de la fase de REM, y con eso el soñar, es vital para vivir. Si estorbamos (en una experiencia) estas fases, producimos trastornos de concentración, una irritabilidad más alta, una tolerancia reducida en el estar con los demás. La privación de los sueños tiene efectos muy serios en la salud física y psíquica.

➢ Soñar es vital para vivir. El hombre participa en el soñar con su cuerpo y con su psique.

Al revés se ha demostrado que el soñar, sobre todo la interpretación de los sueños, fortalece el yo, dirige un comportamiento sano de los instintos, promueve la superación de los problemas, activa el aprender y la creatividad, y estabiliza la memoria. En los sueños se elabora y se ordena el inventario de las informaciones. Muestras de recuerdo útiles se fortalecen y se fundamentan. Se reducen sentimientos intensos lo más posible. Se borran informaciones inútiles. Esto es por un parte una forma de "aprender durmiendo". Esta actividad tiene una importancia central para las funciones del cerebro y para el equilibrio emocional.

➢ El soñar está orientado a establecer un equilibrio energético en la vida psíquica interna.

Los sueños molestan

Unos se despiertan al final de una fase de REM y recuerdan sus sueños. Otros recuerdan sólo por la mañana sus sueños y esto es lo preponderante de los sueños de la última fase de REM. No aprendemos ni en la casa ni en el colegio, ni en la iglesia que tendríamos que tomar en serio los sueños. Entonces los sueños molestan y no tienen importancia. Los sueños molestan la consciencia en vela del yo que está orientada hacia el mundo exterior.

La mayoría de las personas se siente molesta cuando se despierta en la noche a causa de un sueño. Pero eso no molesta el dormir. El alma da una señal, quiere decir algo al yo. Por lo general es suficiente anotar el sueño inmediatamente, para dormirse luego. Pero hay sueños intensos, sobre todo sueños de angustia y de alarma o un "sueño grande" con un escenario emocionante, que nos impiden dormirnos enseguida. Quizá no es tan necesario que podamos dormirnos al instante cuando el alma quiere decir al yo algo tan importante. Es aconsejable levantarse, beber algo o comer una manzana, anotar el sueño en el diario y escribir también los pensamientos que en este momento se mueven en la cabeza. Así poco a poco nos cansamos y después podemos dormirnos más fácilmente. Si uno no elabora sus sueños se repiten sus temas básicos durante decenas.

➢ Se experimentan los sueños como molesto porque nunca hemos aprendido que son importantes para vivir y con alto grado de utilidad.

➢ Él que se dedica con interés al mundo onírico no experimenta sus sueños (o raramente) como molestos.

Las fuentes de estímulo

Todavía hay personas que creen que los sueños se pueden reducir a estímulos externos o somáticos ("estímulos"). Pretenden que los sueños son provocados por un ruido, una corriente de aire, la manta caída en el suelo, la pierna no cubierta, una posición incomoda, el estómago demasiado lleno, ganas de orinar, una luz, un olor de fuera, el brazo entumecido, el sonido del teléfono o lo que sea. Esto es falso.

Tal "percepción" al dormir puede ciertamente evocar un sueño o bien es simplemente un elemento en su sueño. Pero las fuentes de estímulo aparecen en un sueño siempre como algo muy diferente y en un contexto de sentido distinto: El ruido se expresa en un acontecimiento, la corriente de aire se convierte en una tormenta, el fresco a causa de la manta caída se forma en una estancia en la Antártida, las ganas de orinar se expresan en un escenario en el baño, el sonido del teléfono se transforma en una sirena del coche de bomberos, el sentimiento del brazo entumecido es ahora una cadena etc.

➢ Las fuentes de estimulo no dicen nada sobre las funciones de los sueños y sobre el sentido del mensaje onírico.

El psicoanálisis ortodoxo menciona también el material infantil (es decir algo olvidado de la infancia) como estimulo. Opinamos que la palabra "fuente de estimulo" no es adecuada en este contexto.

Pues finalmente todo el inventario biográfico sería una "fuente de estímulo".

La percepción subliminal

También las percepciones subliminales, es decir, apenas consciente en la vida diaria, memorizadas como restos vagos del día, son mencionadas en las investigaciones como "estímulos" de un sueño. La persona que está soñando dice a veces en este caso: "Oh, esto es sólo el coche que miré ayer en el escaparate del garaje al lado.", o "Claro, este tipo de hombre estuvo en la película de la tele ayer por la tarde.", o "Ayer pasé enfrente de esta casa." Pero una figura en una película de ayer se convierte en un ladrón que entra en el sueño en el dormitorio. El coche observado al día anterior es en el sueño el propio coche. La casa activa los pensamientos que tuvo la persona cuando estaba pasando etc.

No hay muchos sueños que contengan un elemento de una percepción subliminal del día anterior o de los días anteriores. La mayoría de las imágenes de un sueño tienen su origen en todo el tiempo de la vida pasada de una persona. Las percepciones subliminales que ocurren más o menos claros, pero aparte y sin importancia real se llaman "restos del día". Una división rigurosa es muy difícil.

➢ Un sueño es muy raramente una elaboración de percepciones subliminales.

➢ Una percepción subliminal puede recibir en un sueño un contexto muy diferente, se relaciona con algo actual o sirve simplemente como decoración de un escenario.

Los restos del día

Todo del pasado individual es de un cierto modo "resto del día", simplemente un resto de la vida diaria, unos del día anterior, otros de unos días anteriores y muchos vienen del inventario biográfico entero, a menudo surgen de la niñez. Sería aconsejable utilizar el termino "resto del día" solamente para percepciones más o menos claras del día anterior o de unos días anteriores.

Restos del día anterior y de unos días anteriores están incorporados a un sueño. A veces no tienen ninguna importancia, crean además un ambiente. Funcionan como elementos de conexión a algo diferente y a menudo decoran un escenario.

A veces los restos del día se relacionan al contexto del hecho del día anterior, forman el tema del día anterior. Pero en su mayoría los restos del día en una constelación onírica tienen un campo de sentido muy diferente. Es decir, que los restos del día sirven por lo general y en este sentido para un asunto totalmente diferente. El significado en el sueño no tiene nada que ver con la situación del día anterior, o apena. No obstante, pueden comportar un sentido importante. En todo caso es falso pretender que los restos del día en general no tienen importancia y que aparecen solo casualmente en sueños o crean un sueño.

➢ Los restos del día pueden relacionarse a todo, no están necesariamente en el contexto del hecho del día anterior.

➢ La imagen onírica del resto del día contiene a menudo un campo de sentido actual.

El sueño manifiesto y latente

En general se distingue entre el "sueño manifiesto" y el "sueño latente". El sueño *manifiesto* es lo que uno cuenta después de despertarse. Esto es el *contenido de un sueño*. La lengua imaginativa contiene un mensaje. El sueño *latente* es lo que está detrás, lo que es censurado, lo que es detrás de la máscara, justamente el mensaje escondido al yo despierto. Anteriormente llamaban a esto el *"pensamiento del sueño"*. La diferenciación entre "manifiesto" y "latente" evoca afortunadamente ideas falsas. Pues lo que está detrás no es otro sueño, un sueño escondido y censurado, sino justamente el "pensamiento latente" o, mejor dicho: el sentido. Dudamos si este sentido tiene que ser siempre un "pensamiento".

El sueño latente, es decir el pensamiento onírico se llama: *Sentido del sueño*. El sentido consiste en varios aspectos o elementos de sentido. El conjunto de los sentidos de todas las imágenes oníricas forma el mensaje para la persona que está soñando. Hay que elaborar este sentido. El *mensaje onírico* es el resultado de la interpretación del sueño. Y pienso que la interpretación tiene que revelar lo que el sueño quiere decir.

En cortas palabras: Sólo existe el sueño que una persona nota en un documento onírico o el sueño que la persona cuenta. Todo el resto no es sueño en el propio sentido de la palabra.

➢ Hay que diferenciar entre el sueño y el mensaje del sueño.

➢ En el sueño mismo es expresado el sentido.

La aparición del sueño

En el lenguaje popular "soñar" significa todavía "desear". Esto es una tontería. Un sueño no es un deseo. Quizá un sueño pueda reflejar un deseo. Para empezar un sueño es una experiencia no expresada verbalmente. Un sueño es el recuerdo de un suceso durmiendo. Uno toma interiormente conciencia viva de una experiencia anterior (es decir: el sueño). Esto no es lo mismo que el texto escrito o contado después.

➢ La totalidad de un fenómeno onírico incluido el aspecto emocional determina el sueño.

Los elementos singulares (también acciones y acontecimientos) se denomina, por causa técnica y para trabajar, en general *imágenes oníricas* y sus partes *elementos oníricos*. Una imagen consta de varios elementos. Más tarde clasificaré las características de las imágenes (ver: capitulo 4). Cuando yo uso el termino *realidad*, quiero decir que se trata de la realidad exterior y no de una realidad en el sueño. La *realidad onírica* es la realidad que el yo soñando realiza en el sueño como real.

El soñar en sí ya es un proceso de elaboración. El recordar es un recordar de una experiencia, no es solo un registrar imágenes y símbolos. La experiencia misma hace parte del sueño, por eso la experiencia es también un parte de la lengua onírica y por eso forma parte del mensaje. Hay que considerar esto especialmente cuando la persona que está soñando en la vida diaria tiende a rechazar los sentimientos o a reducir su importancia.

➢ Un sueño no es una suma de imágenes y acciones o acontecimientos puestos en fila, sino una experiencia interior.

➢ El experimentar vivo y emocional forma parte del sueño.

➢ Aparte de que uno puede soñar una sola imagen o una palabra o una frase, un sueño es una "realidad" (onírica) con un entorno experimentado subjetivamente y con un hecho en un tiempo onírico.

El documento del sueño

Después de despertarse uno redacta el sueño, la experiencia interior de la noche. Son palabras y frases, por escrito, o contándolo a alguien. A veces se puede sujetar una imagen onírica más fácilmente con un dibujo.

➢ Un sueño es lo que una persona informa sobre una experiencia onírica.

Sujetar una experiencia onírica es una elaboración verbal de una experiencia emocional. Llamo esto el documento del sueño. Las características de la experiencia se transforman en palabras. Formular significa ordenar. Las relaciones entre imágenes y elementos se expresan verbalmente.

Un sueño es la experiencia imaginativa de un hecho. El vocabulario, la capacidad de utilizar la lengua y la expresión de la persona determinan la forma de sujetar por escrito o verbalmente esta experiencia interior. Esta capacidad puede reducir, ampliar o reproducir correctamente el sueño experimentado.

➢ El documento del sueño es la transformación de la experiencia onírica en lengua.

➢ Con este documento la experiencia onírica es reducida a forma verbal.

El diario de los sueños

Unas sugerencias:

➢ Llevar un diario de sueños es un instrumento de trabajo imprescindible para aquellos que quieren ocuparse seriamente de sus sueños.

➢ Aconsejamos tener un bloc sobre la mesita de noche y un bolígrafo. Medio dormido se pueden anotar unas palabras o el sueño entero. Encender la lamparilla de noche no molesta.

➢ Cada uno debe tener después del desayuno unos minutos para precisar el documento, añadir lo que a veces falta en las notas hechas medio durmiendo, anotar también los sentimientos y las primeras ideas espontáneas.

➢ La planificación del tiempo incluye que uno dedique antes de salir a trabajar unos minutos para sus sueños. Algunos posiblemente tienen que acostarse un poco más temprano, media hora, para estar dispuestos a levantarse un poco más temprano.

El sueño seleccionado y manipulado

Hay gente que selecciona anotando sus sueños. Opinan que uno u otro elemento no tiene importancia, es irrelevante. O no encuentra la palabra adecuada. O experimenta un sueño tan caótico y confuso, tan incomprensible y absurdo que simplemente descuida el sueño o algunas partes. No es aconsejable seleccionar de esta forma, pues esta primera valoración expresa raramente el significado del sueño.

➢ A veces hay que luchar un poco para formular correctamente y simplemente hay que empezar anotándolo sin saber lo que significa el sueño.

Hay gente que piensa que un prado hermoso con unas flores significa ya el paraíso. Otros tienden a expresiones exageradas tan pronto como los sentimientos están dentro del juego. Algunos añaden espontáneamente y sin reflexión algo que no estaba en el sueño. Está comprobado con declaraciones testificales que una descripción diverge en tanto del hecho real en cuanto la persona lo experimenta emocionalmente y en cuanto data del hecho. Un papel importante juega también la capacidad de percibir, de concentrarse y de valorar espontáneamente. Este conocimiento tiene su importancia también en el contexto de la redacción del sueño.

➤ La capacidad de percibir, de concentrarse y de valorar subjetivamente influyen en la redacción de un sueño.

Hay gente que, por causa de una importunidad, de lo delicado o en el interés de un fin omite algunos elementos al anotar el sueño, a veces añade otros elementos para reducir una importancia o simplemente inventa partes de un sueño. Más tarde será difícil de revelar esta manipulación.

➤ Las manipulaciones en la redacción de un sueño no sirven para nada.

La persona que sueña no se hace ningún favor ni a sí mismo, ni al asesor (andrágogo, psicólogo, analítico, psicoterapeuta) si trabaja negligentemente o de manera no sincera. La concordancia de los elementos del documento de sueños (quiero decir: la rectitud imaginable del documento) puede, en realidad, solamente juzgarla un experto con muchas experiencias profesionales. Puede ser adecuado precisar la descripción verbal de un sueño con preguntas añadidas considerando la expresión verbal, sin que esto formara parte de la propia interpretación.

Un ejemplo: Una persona me cuenta un sueño: "He visto el globo. Hermosísimo. Estaba sentada en un campo muy amplio. Era como en un libro de imágenes sobre el paraíso." Y ella continúa comentando: "Vea Ud., no tengo ningún problema, en mí se encuentra el paraíso." Yo pienso que esto es imposible. Pues conozco su carácter que me parece bastante neurótico, y sus ideas sobre la "iluminación" que de verdad son muy infantiles y de un esoterismo ridículo. Entonces la pregunto: "¿Y de verdad no había nada más en el sueño?" "No.", responde ella. Al final de la sesión, para ella la última, pues ya ha alcanzado el paraíso interno, menciona de paso: "Ah si, la parte debajo del globo era enteramente negro."

> Redactar un documento sobre un sueño exige seriedad y objetividad, y también sinceridad, honradez y lealtad.

El efecto subsiguiente de la experiencia onírica

Los sentimientos evocados por un sueño pueden repercutir y a veces ser más intensos, sea un estado de ánimo (un sentimiento de confianza, una alegría alta, una angustia, un ahogo, una depresión, un susto etc.), o sea una sensibilidad física (sudar, respirar fuertemente, palpitaciones etc.). Ocurre que el estado de ánimo del sueño acompaña a la persona durante horas o todo el día.

> Los sentimientos del sueño que siguen, a veces, obrando durante el día, podemos considerarlos como parte del sueño.

Contando (leyendo) el documento del sueño se muestran emociones, una entonación, gestos, una mímica y diversas reacciones físicas que se sueltan por la experiencia reactivada. Cuando uno cuenta su sueño tocado de su experiencia onírica y no sólo como un observador a distancia, puede aportar mas partes emocionales. El contar está marcado por reacciones emocionales.

> Las formas de expresión que acompañan el contar del sueño valen secundariamente también como parte de la descripción del sueño. Esto podemos añadirlo por escrito al documento del sueño.

Ya se sabe que después de despertarse de un sueño aún vivo podemos continuar soñando medio durmiendo. Con un control flojo de la voluntad, a veces automáticamente siguen escenarios ampliados. Esta experiencia es igual al sueño diurno. Es recomendable no añadir este sueño diurno al documento del sueño, sin embargo, podemos incluir eso como material imprescindible para la interpretación y la elaboración continua.

El acordarse

Sólo ahora con el despertar recordamos los sueños. A menudo nos despertamos mientras todavía estamos soñando. Lentamente el procedimiento onírico decrece mientras el consciente se despierta. El recordar pasa antes del anotarlo. Es un momento importante, pues muchas personas perciben sus experiencias oníricas de la misma forma como miran al mundo exterior: ostensible, superficial, unilateral, ligado a intereses. Si uno tiene sobre los sueños actitudes vagas y un interés flojo o indiferente hasta negándolos, aquellos detalles del sueño, que a la persona parecen sin importancia, se pierden rápidamente después del despertar. Pero muchas veces elementos insignificantes reciben en el conjunto con otros elementos y en el contexto de la interpretación asociativa (ideas espontáneas) una importancia considerable.

Sabemos que podemos olvidarnos dentro unos minutos también de sueños claros. Generalmente un recuerdo se volatiliza lo más tarde después de cinco a ocho minutos. Esto tiene algo que ver con la memoria de corto tiempo. A veces un pequeño resto de un sueño nos ayuda a sacar pieza por pieza del sueño. De unos retazos luego podemos reconstruir escenarios complejos.

> Cuanto más interés uno tiene en su vida onírica y cuanto elabora uno sus sueños, tanto más puede recordar sus sueños.

Él que anota el sueño enseguida después de despertarse, facilita y amplia sus recuerdos mucho más que si lo escribe una o más horas más tarde. A veces uno se recuerda durante la mañana o más tarde de elementos adicionales del sueño, que se le olvidaron al despertarse. Si uno no da atención a tales recuerdos, los pierde rápidamente. Este tipo de recuerdos adicionales se dan a través de percepciones ocasionales durante los hechos del día o al contar el sueño a otra persona sobre todo cuando él repite su sueño una o dos veces con un intervalo de quince minutos o una media hora.

A veces uno tiene un sentimiento de haber olvidado una pieza del sueño sin poder sacar más recuerdos contándolo. ¡No pasa nada en este caso! Simplemente uno no sabe lo que había más en el sueño. Habrá otros sueños en el futuro que presenten con otras variantes de imágenes los aspectos perdidos y no considerados.

El psicoanálisis juzga de forma crítica si uno "no tiene recuerdos" y "demasiado recuerdos". Él que puede raramente o nunca recordar sus sueños tiene una defensa, una oposición casi total hacia su vida psíquica. Parcialmente esto nos parece correcto. Pero no podemos descuidar que en nuestra cultura no aprendemos la importancia de la vida onírica. Él que no sabe nada sobre esto y nunca recibió una oportunidad de aprender algo sobre este mundo onírico, él que nunca halló un acceso a este mundo, de antemano no tiene una disposición abierta para acordarse de sus sueños.

> Cuanto más conoce uno la importancia del soñar, tanto más abierto está para el mensaje y tanto más fácil puede recordar.

Por otro lado, sabemos que soñamos cada noche más de dos horas. Si uno tiene muchos recuerdos, no podemos juzgarlo como "enfermo", "perturbado" o "en peligro". Esto es enteramente absurdo. Una 'perturbación' se muestra en el contenido de un sueño, nunca en la multitud. Quizá es correcto que en este caso hay que aconsejar de tratar los sueños a veces un poco laxo. Pero respetamos que en este caso el alma quiere decir mucho a esta persona, acaso está pendiente una vocación para un desarrollo entero de la persona y de su vida. ¿Por qué hay que diagnosticar esto como "amenaza" o "fenómeno patológico"?

➤ Acordarse de muchos sueños es muy valioso.

Las dificultades en acordarse

Muchas personas dicen que raramente o nunca sueñan. Aun no notan que soñaron. Pero eso significa sólo que no pueden recordar sus sueños. Es una expresión de una falta de interés sobre la vida inconsciente siempre activo. Una causa es quizá que estas personas no saben que tienen una vida interior vitalmente importante. Nunca recibieron una oportunidad de aprender y experimentar este mundo psíquico. Otros simplemente no tienen ningún interés en la vida psíquica. Se orientan enteramente en su vida diaria, en realidades externas. Esto es su vida y no hay más, piensan. Algunos tienen una defensa muy rígida y fuertemente blindada contra cada movimiento del interior. No quieren recordar sus sueños porque tienen miedo de que se manifestara algo que es terriblemente embarazoso. Por eso no pueden recordar sus sueños. No es sana esta disposición. Pues la vida del alma está enteramente bloqueada y expulsada de la consciencia. La solución es dirigirse con apertura, interés, benevolencia y aceptación.

➤ Cada uno sueña cada noche y puede encontrar el acceso.

➤ Olvidar sus sueños es algo normal.

➤ Las dificultades para recordar tienen algo que ver con la actitud hacia los sueños y la vida psíquica.

El yo consciente tiene durante la vida diaria raramente acceso a su propia alma. En el soñar el alma es comunicativa y acosa al hombre. El hombre necesita para su salud psíquica y físico el soñar y evidentemente el recordar. Todos los clientes que vienen a verme y que dicen que no habían soñando desde hace mucho tiempo, empiezan a soñar, lo más tarde, después unas sesiones, es decir que empiezan a recordar sus sueños más o menos regularmente.

El entrenar y el recordar

Se puede entrenar el recordar sus sueños. Voy a dar algunas sugerencias:

- Ejercer conscientemente el interés a través de la lectura o por ejemplo de un curso promueve la capacidad de recordar.

- Las discusiones sobre la vida onírica activan nuevas ideas, favorecen una actitud de apertura y fortalecen una orientación interior.

- A veces es necesario proponerse regularmente antes de dormirse que quiere recordar sus sueños. La intención antes de acostarse a veces efectúa como un milagro: "Mañana quiero recordar mis sueños".

- Es aconsejable, llevar un diario de sueños. No recomendamos "pedazos de papel volantes" que uno tira después de la interpretación en la basura.

- Un sonido fuerte del despertador dispersa las imágenes oníricas. Con unos ejercicios cada uno puede entrenar su "reloj interior" y después se despierta regularmente a la misma hora.

- Ya que incluso los sueños intensos se disipan rápidamente en medio de la noche, aunque uno piense que los puede ciertamente memorizar, aconsejamos escribirlos inmediatamente en el momento.

➢ A veces es suficiente coger un elemento de un sueño y poco a poco surgen los recuerdos sobre el sueño entero. Hay que quedarse un rato en la cama y no levantarse rápidamente.

➢ Un ritmo de vida equilibrado favorece el recuerdo de los sueños.

➢ Meditar (imaginar) regularmente promueva la capacidad de recordar.

Finalmente hay que indicar:

➢ Un consumo de alcohol excesivo reduce la capacidad de recordar.

➢ Somníferos y tranquilizantes reducen fuertemente la capacidad de recordar.

➢ El alcohol y los psicofármacos disturban en general la vida onírica inconsciente, cortan las fases de REM (el tiempo más activo del soñar) hasta un cien por cien.

El sueño y el 'setting' de un sueño

Un sueño en el sentido estricto es:

1. Un sueño es experimentar y registrar una realidad interior activa y no simplemente la percepción de una suma de imágenes.
2. Un sueño como un documento es una reducción verbal de una experiencia onírica.

3. Un documento de un sueño es una expresión de las capacidades de idioma, del pensar y de la disposición emocional de la persona.

Un sueño en el sentido extenso incluye los siguientes componentes aditivos:

1. Los sentimientos duraderos de un sueño después del despertar.
2. La expresión amplia al contar un sueño, es decir: la entonación, la mímica, los gestos, las reacciones físicas.
3. Elementos de un sueño que se recuerdan un poco más tarde, por preguntar o por percepciones ocasionales.

Todos estos componentes juntos podemos llamar el *"setting de un sueño"*. Esto es el documento completo de un sueño. La interpretación de un sueño no tiene que ser más fija y absoluta de lo que este documento permite.

➢ El documento de un sueño con el setting es la situación inicial de la interpretación, el "objeto verdadero" de la interpretación.

Puntos para recordar:

1. Cada uno sueña cada noche varias veces en periodos regulares.

2. No hay causa de preocuparse cuando uno se despierta reiteradamente después una fase de soñar.

3. El soñar tiene una función que equilibra y fortalece la psique. Soñar es sano para vivir.

4. Fuentes de estímulo que forman un sueño no explican el fenómeno del sueño.

5. Un documento de un sueño contiene lo recordado del sueño y la experiencia del sueño. Esto es una reducción verbal de un sueño vivo.

6. El diario de sueños es un instrumento de trabajo imprescindible.

7. El redactar de un documento de sueños exige seriedad, honradez y actitud.

8. La capacidad de recordar sus sueños se puede entrenar y promover a través de: actitudes, interés, una orientación interna hacia la vida onírica, un diario, etc.

2. Los tipos de sueños

Formar tipos de sueños

En la literatura encontramos una multitud de "tipos de sueños". También en la vida diaria hablamos de "sueños sobre dientes", "sueños de angustia", "sueños de peligro", "sueños de sexo" etc. La mayoría de los tipos abarcan temas específicos que encontramos en los diccionarios de sueños bajo palabras claves, por ejemplo: angustia, dientes, sexualidad etc. "Tipos" quiere decir "a menudo" o "aparatoso". Pero esto solo es una impresión subjetiva que no está verificada por las estadísticas. Tampoco está probada la importancia de su tipología. La formación de tipos de sueños se orienta en el inventario de imágenes oníricas haciendo grupos que marcan un escenario clave y no su sentido interpretado.

Hacer tipos incluye dificultades serias. En primer lugar, está la pregunta: ¿Podemos clasificar todos los sueños en tipos de modo que la tipología cubra el campo de todos los sueños conocidos y posibles? Para responder esto tendríamos que coleccionar más de 100.000 sueños de mucha gente e intentar clasificarlos. Ciertamente habría casos límites innumerables. Pues muchos sueños pueden incluirse en una y otra categoría, probablemente en tres o más. Además, habría que determinar en cada caso qué imágenes y escenarios oníricos caracterizan suficientemente un cierto tipo. Hasta hoy nadie ha hecho tal clasificación compleja y multidimensional. Sería un desafío científico enorme. Suponemos que se podría dividir un sesenta o setenta por ciento de todos los sueños en tipos. ¿Y qué pasaría con el resto? Con una tipología amplia manipularíamos la interpretación de los sueños en una dirección donde todo este resto de treinta o cuarenta por ciento valdrían como "casos especiales" o "sin importancia". Sería una manipulación inaceptable.

➢ Formar tipos sobre todos los sueños posibles permite clasificar escenarios oníricos más o menos similares. Una tipología no clasifica los sentidos, o a veces en forma muy general.

➢ Una tipología nos puede ayudar a una orientación y selección provisional.

➢ El espectro de los sentidos de un tipo de sueños se forma a través de las imágenes claves.

El análisis del contenido del material onírico

Lo único que podemos hacer fácilmente es un análisis del contenido de la multitud de las imágenes oníricas singulares, coleccionando todas las imágenes de muchos sueños de mucha gente y clasificándolas en "clases" y "subclases". Esto es una primera intención de hacer un orden cualitativo en la multitud de imágenes oníricas. Este trabajo lo ha hecho de forma aproximada Calvin S. Hall, pero no relaciona los sentidos de las imágenes oníricas.

Formar un grupo de imágenes claves y al mismo tiempo definir este grupo con un sentido específico (es decir: el mensaje de la imagen) sería un intento muy difícil por no imposible. Pues es un hecho que las imágenes características de un sueño pueden variar enormemente en su significado. Además, muchas imágenes oníricas reciben su sentido solo por la persona que las ha soñado. Casi sin límite es la cantidad de imágenes y elementos de la vida de una persona. Y cada imagen puede contener un espectro amplio y variable, siempre muy personal.

En total un análisis del contenido con el fin de clasificar todas las imágenes y elementos oníricos sin identificar el campo de los sentidos es de interés muy limitado. Pues este análisis no coge el espacio de los significados subjetivos. Permite quizá ciertas conclusiones de los temas emocionales de una persona.

➤ Un análisis del contenido de imágenes no contiene una clasificación de los significados, sino simplemente el inventario.

➤ En cuanto las imágenes de una categoría tienen un sentido común, las encontramos en los diccionarios de símbolos, ordenado según el alfabeto o grupos.

El diccionario de los símbolos

Un diccionario de los símbolos es un intento de presentar un campo de sentidos para ciertas imágenes generales que ocurren frecuentemente, sentidos que se han menudeado como conocimiento histórico y colectivo según la experiencia de expertos. Este campo de significados es preponderantemente limitado por una cultura. Los diccionarios de símbolos contienen símbolos oníricos generales, nunca todo el campo de los símbolos humanos. Un buen diccionario de símbolos se basa en mucho material onírico y en experiencias muy amplias. Un amplio proyecto de investigación usando los métodos del análisis del contenido podría ser un buen fundamento para un diccionario de los símbolos.

En un diccionario de símbolos encontramos imágenes oníricas que tienen una importancia de sentido general y arquetípico y no se basan en experiencias personales de un sentido individual. Desgraciadamente es un hecho que varios diccionarios de símbolos contienen más de un cincuenta por ciento, a veces hasta noventa por ciento de sus imágenes y símbolos que con gran probabilidad no ocurren en sueños. Hay demasiados diccionarios que contienen muestras de interpretación supersticiosa y enigmática de la Edad Media. Esto puede ser muy peligroso para la autoeducación, la individuación y la práctica de vida, si uno se mete seriamente dentro aparte de un interés histórico.

➢ Las imágenes oníricas generales contienen un campo de sentido limitado. Pues ciertas imágenes reflejan una muestra de sentido que se formaba históricamente y que dura con una constancia relativa.

¿Para qué sirven los diccionarios de símbolos? Un diccionario de símbolos fundado analítica y profesionalmente puede ayudar a recoger más fácil y más rápidamente el significado adecuado de una imagen general, porque el espectro de sentido referido es un resultado de investigaciones serias. Por otro lado, uno puede correr peligro cuando se fija demasiado rápido en un sentido que quizá no afecta al mensaje del sueño. Las ideas espontáneas de una persona sobre una imagen onírica pueden estar en otro lugar, lejos del campo de sentidos general, como dicho en la experiencia personal. Este problema se resuelve con instrucciones correctas sobre el uso.

➢ Un diccionario de símbolos puede ciertamente servir como un instrumento de trabajo preparatorio y de preselección. La última palabra sobre lo que significa una imagen onírica la tiene siempre la persona que sueña.

❖ Ver el libro complementario: El diccionario de los Sueños

Los tipos de sueños caracterizados por temas singulares

Estos tipos de sueños mencionados en la literatura son los sueños con los aspectos y las características siguientes:

• **Abrirse paso:** El éxito de un trabajo psicoanalítico sobre un complejo se muestra en sueños con escenarios de brecha, de superación de una fuerza impidiendo y de una orientación en un nuevo nivel.

- **Animales:** Los animales indican aspectos que se definen por sus características. Animales representan atributos, muestras del comportamiento, instintos y la pulsión del hombre. En sueños especiales tienen un sentido arquetípico.
- **Antecesores:** El hombre siempre es también un portador ('conductor') de los trastornos y enfermedades de sus parientes de las (tres o cuatro) generaciones anteriores. En los sueños se muestran estos antecesores que producen enfermedades y la persona tiene que superar estas muestras heredadas de sus antecesores.
- **Caída:** Uno cae a algún sitio, al suelo, en un agujero, bajo un declive, o del cielo. Quizá hay que caer para llegar al suelo de la realidad.
- **Casa:** Este tipo de sueños remite parcialmente a la vida real de la presencia y del pasado. Por lo general están en el contexto de procesos psíquicos. El lema es: El alma es como una casa. O: En la casa se ve cómo uno vive.
- **Castigo:** Uno castiga o es castigado por otro. Hay que elaborar su propia educación. O bien el sueño enseña propias actitudes. Además, puede ser que el alma "castiga" porque uno no respeta las leyes del alma.
- **Cifras:** Hay cifras que tienen directamente algo que ver con una realidad (cumpleaños, el numero de la casa, un número de teléfono etc.). Ciertas cifras tienen un significado arquetípico y por eso forman parte del tipo de sueños arquetípicos.
- **Coacción (fuerza):** Lo característico es un orden interior de tener que hacer u omitir algo. No olvidemos que hay factores reales en la vida que fuerzan al hombre.
- **Colores:** Preponderantemente son colores fuertes y emocionantes que impresionan. Quizá este efecto es la función de imágenes de colores fuertes.
- **Deseo:** Todo puede surgir alrededor de este tema, de lo que uno desea consciente o secretamente, o de que lo uno se imagina como deseo real o irreal. Un deseo es también el destino del alma. La tesis psicoanalítica que algunos sueños son el cumplimiento de un deseo es solo correcta en muy raros

casos. Encontramos en un sueño algo de lo que la persona desea en secreto, no es un cumplimiento de este deseo, sino una reflexión del deseo. Un procedimiento de curación de lo que ocurre en un sueño que después tiene un efecto real, puede evidentemente ser un cumplimiento de deseo. También la experiencia de Dios en un sueño puede ser un cumplimiento de deseo. Pues muchas personas desean tal experiencia onírica del ser de Dios.

- **Desnudez:** Se trata muchas veces de un escenario bastante embarazoso en un lugar colectivo, no raro con espectadores. Mucha gente muestra en la vida real su vida psíquica más íntima a todos. Esto es embarazoso también. Y así uno pierde su protección. Estos sueños indican este problema.

- **Dientes:** Hay una mezcla de situaciones oníricas, en su mayoría negativas, alrededor de escenarios con dientes. Con los dientes es como con las actitudes: Si los dientes están en mal estado o faltan algunos, no mastican bien la comida (los asuntos de la vida). Esto se relaciona con problemas del estomago, entendido físicamente o psíquicamente.

- **Exámenes:** A veces tal sueño quiere estimular una elaboración de una situación del pasado. Por la mayor parte indican procesos de madurez psíquica actual que están realizados o no. Es decir que uno ha conseguido a través de su elaboración un paso de desarrollo.

- **Ladrones:** Figuras oscuras escalan sobre todo la noche en el piso, en la casa o en el dormitorio. Esto provoca siempre una cierta angustia. Estas figuras son en su mayoría aspectos propios de la personalidad no integrados ("sombras").

- **Lucidez:** Esto es el sueño en un sueño, es decir el yo onírico (en el sueño) se da consciencia: "Oh, yo estoy soñando esto...". Por un lado, puede significa: "Que suerte es que solamente es un sueño"; por otro lado, en este momento el yo onírico puede despertar o influir en el procedimiento onírico. Esta acción en el sueño activa, consciente y dirigida a un fin puede significar un mensaje: "¡Tú puedes actuar aquí!" La característica de este tipo de sueños es una forma de crear un sueño. Los sueños lúcidos a veces contienen una experiencia de luz (ver: capitulo 7).

- **Música:** Este tipo de sueños crea con una música un estado de ánimo, un ambiente emocional. También pueden revelar como la persona hace su música con su forma de vivir. La música crea un ambiente y remite a sentimientos. Por supuesto la música misma puede contener un mensaje.
- **Niñez:** Unos hablan aquí simplemente de los sueños de la niñez. Para otros son el tipo de sueños que intentan elaborar asuntos de la niñez y juventud, es decir que son sueños con un vistazo hacia el pasado. Esencialmente se trata de la biografía no elaborada.
- **Óleo:** En un sueño experimentamos sensualmente un óleo. Por lo general nos recuerda alguna experiencia. Y justo estas experiencias están en el centro del mensaje onírico. Los oleos pueden enloquecer y provocan siempre sentimientos, por lo tanto, el campo de significados es muy amplio.
- **Pasaje:** Los temas son la pubertad, el crecer para ser un adulto, el casamiento, los propios niños (como una fase de vida), la edad media (como un cambio), la jubilación respectivamente el inicio de la tercera edad, y por fin el tiempo para prepararse a la muerte.
- **Pequeños sueños:** Estos sueños contienen casi siempre temas no tan importantes, en lo cual "pequeño" evidentemente no significa "sin importancia".
- **Pulsión (instinto):** Estos sueños tratan de todas las pulsiones de la naturaleza del ser humano, también los instintos naturales.
- **Reacciones:** Estos sueños intentan reducir la energía de un acontecimiento traumático reiterando el escenario en periodos de días o meses o años. Exigen fuertemente la elaboración decisiva.
- **Ropas:** Las ropas caracterizan figuras y representan atributos o funciones de una persona.
- **Sexualidad:** Estos sueños tienen evidentemente algo que ver con el instinto sexual, las fantasías sexuales, los deseos secretos y con la práctica sexual real de la persona. A pesar de la

emancipación sexual enorme en las naciones industriales, con innumerables ofertas sin tabúes la sexualidad permanece como uno de los mayores problemas del hombre en nuestro tiempo. Esto no es tanto una cuestión de culpa, sino de también de la integración positiva y creativa de su propia sexualidad y el placer alegre de las ganas sexuales con amor y con la humanidad entera. Otro aspecto del problema es la formación de su propia identidad sexual con y a través de un partenaire del otro sexo.

- **Viaje:** Estos escenarios muestran aspectos de una vida donde uno siempre está de cualquier forma en camino (el viaje de vida). Por parte estos sueños expresan una fase de desarrollo. A veces hay que interpretarlos en el contexto de un gran cambio en la vida. No es raro que se expresen con motivos arquetípicos, porque forman el destino. Pero en este caso forman parte de los "sueños grandes".

- **Volar:** Claro, uno está volando. ¡Por fin una vez! Pero la relación a la realidad está perturbada. El hombre no puede volar, solo sus ilusiones y su yo puede huirse de la realidad.

Esta lista ciertamente no es completa. En la literatura se mencionan muchas imágenes oníricas como "tipos de sueño". Todos estos tipos – y varios más que se determinan por un tema – contienen una característica en cuanto al contenido, un tema amplio representado por la imagen, por ejemplo: angustia, partida, autoridad, tierra, caer, colores, fuego, volar, peligro, instinto, niñez, ropas, comunicación, amor, aire, exámenes, castigo, utopía, agua, cifras etc. Pero en un sueño tenemos casi siempre un "setting" (un conjunto de elementos) alrededor de este tema, a menudo acciones, acontecimiento y una sucesión. Esta complejidad y variabilidad no recoge la imagen singular que forma un tipo.

Algunos de estos tipos se relacionan a un aspecto formal y no al contenido: Los sueños de deseo implican un deseo real para su explicación; Los pequeños sueños contienen a veces una valoración en el sentido de "pequeño valor"; A los sueños lucidos podemos entenderlos como una forma de creación del sueño; Los sueños de la niñez se relacionan a la biografía.

Si miramos en nuestro diccionario (tomo II), encontramos una cantidad amplia con muchas imágenes. Básicamente podemos definir muchas imágenes (símbolos) como tipos. Finalmente tendríamos que dividir en una jerarquía de tipos todo el mundo de los objetos y de la vida psíquica, incluidas todas las muestras de comportamiento posibles. Evidentemente esto no tiene sentido. Por eso: No damos tanta importancia a una tipología de sueños. Porque corremos peligro de determinar un campo de sentido con una opinión provisional que no está en el contexto actual de la persona. No obstante, una tipología puede darnos una orientación provisional.

➢ El campo de sentido de los tipos singulares lo encontramos bajo las palabras claves que indican el tema de la imagen en nuestro diccionario (parte II).

Los tipos de sueños con la característica de llamamiento alto

Una especie de tipos de sueños se destaca por su energía fuerte y su efecto emocional. La experiencia es muy especial, a menudo fuertemente exhortatoria, evocando angustia o un peligro. Se trata de hechos peligrosos y/o de la moral de la persona que sueña. Siempre se trata de actualidades y de un asunto muy vital. Los temas tocados son de importancia vital.

➢ La característica de llamamiento se produce por un sentimiento intenso, en su mayoría peligroso, y con eso quiere producir una alarma. Todos los campos de la vida son posibles: psíquico, físico, ético-moral, existencial.

Advertencia: Algo está pasando que resulta peligroso. Por esto tales sueños tienen una llamada fuerte, a veces sólo quieren exhortar.

Sabemos que hay sueños que pueden también advertirnos de enfermedades. El alma registra un cáncer al inicio (una úlcera, algo psicosomático), muchas veces antes de que el médico lo puede diagnosticar (ver más tarde: "Sueños de curación"). La advertencia quiere decir: "¡Presta atención!"

Agresiones: Encontramos aquí escenarios con una agresión clara y peligrosa, a veces con violencia e asesinato. La intensidad no solo se crea por el elemento peligroso, sino también por el significado moral. Los escenarios oníricos mismos enseñan con mucha claridad: "¡Esto es agresivo!"

Angustia: Lo característico es el escenario con una angustia clara. La angustia pánica es una pesadilla. Angustia es una expresión de un peligro, de mayoría psíquico, pero también del entorno real. El fin no es la angustia misma sino lo que crea la angustia. Algunos sueños de angustia hacen experimentar a la persona como ella misma está produciendo angustia con su comportamiento en su entorno. Podemos responder a la persona con un sueño tal: "¡Toma coraje y fuerza! ¡Dirígete hacia esto, reconoce y clarifica lo que produce angustia!"

Catástrofes: Soñar una catástrofe contiene peligros drásticos, psíquicos o reales. Hay sueños que anticipan un acontecimiento colectivo. Se llaman "sueños pre-cognitivos", o "sueños proféticos". Estos tienen un valor arquetípico. Los sueños de catástrofe muestran hechos catastróficos. Es imprescindible tomar estos sueños muy en serio. En situaciones de catástrofe es, en general, necesario tomar inmediatamente las medidas necesarias: "¡Actúa inmediatamente!"

Peligros: Este tipo de sueños está caracterizado por momentos de peligro. Pueden ser peligros psíquicos, pero también asuntos de salud o de la existencia. Es razonable reaccionar ante un peligro con precaución y vigilancia. En su núcleo: "¡Atención, hay peligro!"

Pesadillas: Su característica central no es el escenario onírico, no es el peligro en el sueño y la angustia siguiente, sino mucho más la advertencia expresada por el escenario a la persona que está soñando. El yo onírico y con esto la persona real está en un asunto especificado con gran peligro, lo expresa el sueño que está en una presión peligrosa, es decir que el peligro está paralizando, oprimiendo o angustiando. Este sentimiento es el primer mensaje onírico. No significa necesariamente que afecta la salud física o psíquica. Puede referirse a: una relación, un negocio actual, una decisión (falsa) pendiente, un cambio de puesto de trabajo, un despido casi en vigor, un resbalón sexual con consecuencias, una valoración falsa con consecuencias fuertes. Las pesadillas tienen una importancia muy grande y hay que tomarlos muy en serio. El sentimiento de una pesadilla llama fuertemente: "¡Alarma! ¡Alarma! ¡Ayúdeme!"

Traumas: Estos sueños quieren forzar a elaborar experiencias fatales y muy dolorosas, no sólo de la niñez, sino también del pasado reciente o del tiempo actual. Sueños con escenarios de traumas tratan sobre el sufrimiento interior, también de experiencias de un choque, y además de enfermedades y de accidentes de peso muy grande y doloroso. En principio: "¡Elabora! ¡Concíliate! ¡Pon en orden! ¡Toma medidas!"

En general podemos concluir:

➢ La característica de un sueño con un aspecto de llamamiento fuerte es en sí mismo el fin del mensaje.

Los tipos de sueños con la característica arquetípica

Hay tipos de sueños que expresan más que una característica profana, son, sobre todo: sueños clarividentes, sueños proféticos, sueños transcendentales, sueños sobre la reencarnación, sueños de iniciación y varios más. Quiero esbozar sus características:

Arquetipos: Se trata aquí de los sueños con las siguientes características: mágicas, de iniciación, espirituales, de transcendencia, de evocación, grandes y proféticas. Las imágenes y las acciones tienen un sentido mágico y misterioso. Las imágenes son símbolos desde tiempos inmemorables. Su significado no se sale de la experiencia biográfica personal. Sobrepasan los temas de sentido común. Los sueños arquetípicos contienen cuestiones espirituales que tratan en su núcleo y esencia el ser humano y la vida en general. Los sueños con temas religiosos forman parte de estos. La experiencia es transcendental, misteriosa, santa (C.G. Jung dice: "numinoso"). Por eso la energía es intensa. En general los sueños arquetípicos contienen también imágenes de la vida real y símbolos de sentido general.

Los sueños arquetípicos reflejan un cambio decisivo en la vida. Ocurren en crisis especiales, en momentos de decisiones definitivas y en el contexto de todos los procesos de cambio interior importantes de la individuación. En la literatura se afirma frecuentemente que los sueños arquetípicos ocurren sobre todo en momentos de crisis, sufrimientos y enfermedades, pero esto es enteramente falso.

Los sueños arquetípicos afectan al hombre en su ser (criatura) y su existencia entera. Las demandas del alma se enfrentan con las exigencias de la vida. Esto produce presión y una intensidad especial en su experiencia. El hombre está invocando a su alma para llegar a ser hombre.

> ➢ Las características esenciales de los sueños arquetípicos afectan a los temas fundamentales del ser humano y de la vida que en su esencia valen para todos y para siempre.

Curación: Estos sueños muestran su característica por su efecto de curación directo. Enseñan causas y caminos de solución, dicen lo que hay que hacer. La intensidad de estos sueños tiene una influencia curativa en la vida psíquica y en algún caso también en enfermedades psicosomáticas. El resultado sin duda surge después muy lentamente. Por el procedimiento onírico, la energía psíquica se forma enteramente de nuevo. El cambio interno es fundamental. Su efecto tiene un carácter de curación para-psíquico. Los sueños que muestran enfermedades todavía no reconocidas y que están en un estado de inicio, se llaman "sueño prodomal" o "sueño diagnóstico". Son también sueños de alarma.

➢ El procedimiento curativo es un proceso arquetípico, pues se trata de una transformación psíquico y psico-energético.

Chamán; Sacerdotes mágicos: Figuras oníricas de este tipo reflejan fuerzas curativas o la fuerza de guía del alma (el espíritu). Representan también el oficio verdadero de un sacerdote que está legitimado para producir y acompañar procesos arquetípicos. Los chamanes (los sacerdotes mágicos) tienen una relación íntima con el mundo del más allá. Saben manejar la energía psíquica para la curación y, por lo tanto, tienen capacidades mágicas.

➢ **Los sueños con un chamán (un sacerdote mágico) contienen fuerzas arquetípicas y funciones espirituales.**

Grandes sueños: En estos sueños surgen raramente problemas diarios o dificultades pequeñas con uno mismo. La biografía juega un papel de importancia parcial. Aquí son tocados los temas de vida esenciales en la retrospectiva y en la prospectiva. Los sueños grandes proyectan procesos amplios de desarrollo, son extensos y contienen aspectos centrales del ser humano psico-espiritual. Los sueños de evocación y de iniciación son "sueños grandes".

➢ Los sueños grandes tienen un contenido arquetípico con la perspectiva de los fines: libertad interior, equilibrio, formación de su propia identidad, totalidad de la persona y cumplimiento de su destino.

Iniciación: La decisión para la individuación, para la educación psico-espiritual hasta la totalidad siempre es acompañada de un sueño que no solo introduce el proceso, sino que revela en líneas generales sus perspectivas previsoras. Siempre es un "sueño grande".

Sueños de inicio quiere decir lo mismo, pero se relacionan más al inicio de este proceso (al inicio de un psicoanálisis) y empezando una nueva etapa de la individuación. El autoconocimiento, el despliegue y el crecimiento de la personalidad contienen tales procesos de la etapa. Los sueños de inicio introducen temas especiales de un tal proceso parcial. Los temas no son triviales, en su mayoría expresan un problema muy decisivo en el contexto de un inicio. Se llaman también *"sueños introductores"*.

➤ Los sueños de iniciación contienen un aspecto arquetípico y una introducción en un proceso arquetípico.

Muerte: Sueños con este tema forman parte de los sueños arquetípicos de la individuación en cuanto expresan una transformación psico-espiritual. Como aviso de la muerte son sueños de clarividencia. O expresan la elaboración de la muerte de una persona querida. Enfrentarse con su propia muerte, aproximándose, es también un proceso arquetípico. Estos sueños revelan a veces solamente el mundo del más allá, es decir, el hecho de que el hombre siga viviendo después de su muerte. El campo de sentido es bastante multilateral.

Un sueño con un entierro no es forzosamente un sueño arquetípico. Un ataúd y un entierro significan a veces solamente que hay que terminar (enterrar) un asunto o una relación.

➤ Los sueños de muerte contienen un significado arquetípico, en cuestión es generalmente un proceso de transformación (psíquico), a veces la preparación u orientación a la vida del más allá.

Profecía: Estos sueños no son los mismos que los sueños previsores. No son simplemente Sueños de clarividencia o de telepatía. Un aviso onírico de una enfermedad surgiendo (por ejemplo: cáncer) no es un sueño profético. El aviso de su propia muerte tampoco es un sueño profético. Es falso cuando dicen que los sueños proféticos genuinos son especialmente reales y poco emocionales. ¡Al contrario! Son muy emocionantes porque contienen un significado colectivo enorme y al mismo tiempo son arquetípicos (ver: capitulo 6).

➤ Los sueños proféticos revelan un desarrollo colectivo fatal, relacionado directa o indirectamente relacionado a la salvación colectiva como un proceso colectivo de liberación.

Reencarnación: Estos sueños contienen imágenes de una vida anterior. La evaluación de esta tesis está dentro de la enseñanza de la reencarnación. Estos sueños forman parte de la parapsicología, del esoterismo y siempre de la religión. Comentamos de forma crítica que existen modelos de explicación que no tienen fuertemente relación con una vida anterior. Podemos interpretar este tipo de sueños como estrictamente simbólicos. De todas maneras, se hace la pregunta por qué una persona sueña sobre su vida anterior. Formulamos la tesis: Cuando una persona experimenta en ese sueño una vocación especial de su alma, puede resultar un sentido de la reencarnación.

➤ Los sueños de reencarnación son transcendentales y arquetípicos.

Religión: Puesto que los sueños son creados por el espíritu, estos sueños religiosos tienen una importancia de prioridad. Revelan con símbolos arquetípicos, con acciones y escenarios lo que es vivo y verdadero en una religión. Dios se revela a través de sueños. Los sueños guían al hombre a Dios. El oficio divino del ser sacerdote se basa en procesos arquetípicos, experimentados en sueños. En sueños religiosos se muestra y se explica la historia de la salvación.

Muchos sueños arquetípicos son en su sentido genuino religiosos. Procuran consuelo, esperanza, confianza, coraje, firmeza y orientación en la búsqueda espiritual. Por otro lado: Los sueños religiosos muestran la otra parte de la religión real: el fariseísmo, la falsedad y las aberraciones. Nada habla tan verdaderamente sobre la iglesia, la enseñanza religiosa y las prácticas religiosas que los sueños.

➢ Los sueños religiosos son la única fuente fiable y viva de todas las revelaciones sobre Dios y lo divino.

Transcendencia: En estos sueños encontramos un aspecto de la vida eterna del alma, del mundo más allá. De cierto modo a este grupo de sueños pertenecen también sueños con una experiencia de Dios y sueños donde uno encuentra un difunto. Es falso si dicen que estos sueños son siempre de una naturalidad sensata. Ciertamente son a veces muy sensatos y naturales. Pero contienen siempre aspectos arquetípicos y por su fuerza mueven emocionalmente y ponen un desafío.

➢ Los sueños de transcendencia abren las puertas de la realidad del ser eterno del alma desde la posición de nuestro finito.

Visiones: Son imágenes internas que contienen una visión hacia el futuro o un conocimiento transcendental. Se dice que son "mensajes de Dios". La percepción ocurre durmiendo, entonces en el sueño, también en una meditación muy profunda. Una visión es también cuando una imagen arquetípica cae en la consciencia. Una previsión en acontecimientos llegando no es una visión.

➢ Las visiones participan de los sueños proféticos y transcendentales. Siempre contienen imágenes arquetípicas.

Vocación (destino): La primera vocación general se orienta siempre en el autoconocimiento, en la autorrealización y en la meta de la individuación. Los sueños con una vocación contienen siempre elementos arquetípicos: Pues: ¿No somos todos llamados por nuestra alma para el autoconocimiento e la individuación? En consecuencia, se abren secundariamente perspectivas individuales que consisten en el cumplimiento de sí mismo. Esto puede ser dentro del campo laboral. Ciertamente son también compromisos religiosos, sociales y políticos. No se trata solo de elegir una profesión, sino mucho más de una dimensión espiritual que tiene una importancia para el colectivo.

> Los sueños de vocación forman el destino, desafían al hombre en su existencia. Toda la vida recibe un encargo espiritual y con esto un sentido de vida muy profundo.

La clarividencia, la telepatía y la precognición (= sueños extrasensoriales)

Los sueños de clarividencia y telepatía contienen elementos del mundo de vida real que la persona que está soñando no puede saber. Podemos soñar también sobre hechos que pasaron hace cien o doscientos o más años. Los sueños de precognición predican acontecimientos y hechos en el futuro. En estos sueños hay informaciones que la persona no puede captar con su percepción consciente. Tampoco son deducibles de realidades actuales. Estos sueños se llaman a veces "sueños de adivinación". Solo en parte queremos mencionar que se distinguen de los fenómenos clarividentes por ver, oír, oler y gustar. Raramente podemos interpretar los sueños pronósticos de forma concreta. En general en los sueños de precognición se crea un motivo cuyas fuerzas están en un "estado de incubación", es decir que preparan en el presente inconscientemente el futuro.

En este grupo de sueños hay que mencionar los *sueños sincrónicos*, también llamados *"doble-sueños"*. Son sueños que una pareja tiene en la misma noche en los que el contenido es preponderante idéntico y que proviene de un fenómeno extrasensorial, es decir de una ocupación paralela intensa con un tema común.

Además, existe el *sueño de transferencia*. Un ejemplo de mi propia experiencia: Cuando alguien me llama para una cita, o me habla en la primera sesión sobre su difícil situación, por lo general después tengo un sueño en el que de mi situación profesional me prepara para mi trabajo, similar a una iniciación: análisis de la situación, un modelo de la solución y la probabilidad del éxito. En estos sueños experimento mucho más que la primera sesión me permite. – Todos estos sueños son de naturaleza para-psíquica. Por lo tanto, se llaman "sueños extrasensoriales".

➢ Los sueños extrasensoriales contienen fenómenos de la percepción extrasensorial. Podemos decir: La experiencia y el actuar del alma son transcendentales, en cuanto arquetípicos.

Un fichero de temas de los sueños propios y sus imágenes oníricas

En general podemos aprovecharnos de una tipología y clasificación de sueños e imágenes oníricas para el trabajo con los propios sueños.

Da sentido tener regularmente una retrospectiva e identificar el estado de trabajo con los sueños respectivamente con los procesos interiores. Para esto se pueden resumir anualmente los sueños, agrupar los temas y coger sus conexiones. El diario de sueños sirve para esto.

Cuando uno trabaja con mucho gusto sistemáticamente, se crea un fichero. Escriba su sueño con las imágenes claves con palabras cortas en una ficha, con fecha e una indicación de dónde está en el diario. Además, anote su interpretación. Así conseguimos una visión general sobre muchos años, se ve como actúan y cambian las imágenes claves. Así la interpretación de las imágenes está en una continuación segura y controlable.

Llevar un fichero y resumir sus sueños una vez cada año es un trabajo muy creativo. Esto se hace de forma laxa. ¿Por qué uno no tendría que hacer esto? Es normal que ordenemos una vez al año nuestra vivienda, seleccionemos las fotos y las pegemos en un álbum, escojamos la ropa, hagamos espacio en los cajones y armarios para nuevas cosas. Otros no preguntan a nadie si tiene sentido lo que hacen (o coleccionan) en su ocio. Entonces uno puede elaborar sus sueños sin que nadie tenga que preocuparse.

¿No nos vale más la vida del alma que las actividades del ocio comunes? El esfuerzo de una elaboración sistemática de los sueños lo recompensa: Un vistazo sobre los sueños resumidos en un periodo anual muestra los cambios. Un resultado positivo produce una motivación enorme. Cuando uno reconoce que mucho gira en torno, aconsejamos buscar una ayuda profesional.

Por ejemplo, se pueden agrupar todos los sueños, que contienen un llamamiento, según sus temas. Otro grupo de sueños puede estar formado por aquellos que tienen un contenido arquetípico. Luego se pueden formar grupos con las imágenes claves. Ejemplos: padre, madre, niñez, profesión, amigo (-a), partenaire(s), sexualidad, actitudes, deseos etc. Así conseguimos los núcleos, las "anclas" de la propia vida.

➢ Él que elabora su autoconocimiento e individuación con sus sueños, se asegura una continuidad a larga temporada y una ligadura interior fiable.

➢ Un fichero de sus propios sueños e imágenes claves y además un resumen de los mensajes oníricos, realizado periódicamente, nos da una orientación clara y capaz en nuestro inventario y en los procesos propios de la autoeducación.

Puntos para recordar:

1. Interpretar rápidamente un sueño en el contexto de un tipo de sueños especificado trae problemas. Demasiado rápidamente dirigimos la interpretación en una dirección, quizá falsa. Pero una coordinación prudente en tipos de sueños nos puede ayudar en una primera preselección.
2. La mayoría de los sueños tienen varias imágenes claves, así que resulta difícil clasificar un sueño. Una elaboración cuidadosa y una orientación multilateral son necesarias.
3. Un diccionario de sueños con un espectro amplio de imágenes oníricas puede ayudar mejor para una orientación que para una tipología de sueños. Pues casi siempre encontramos varias imágenes en un sueño. Un diccionario puede darnos un campo de sentido amplio dentro de un conjunto relevante.
4. Algunos tipos de sueños destacan por su intensidad de sentimientos de peso y su peligro. Todos ellos tienen un carácter de llamada fuerte. Hay algo actual muy importante e vital para la persona. Aconsejamos una vigilancia urgente
5. Hay sueños con una característica muy especial que identificamos fácilmente como "arquetípicos". La característica es de naturaleza psico-espiritual. Acogen los temas básicos del ser humano y de la vida con todos los procesos psico-espirituales.
6. Los sueños con aspecto para-psíquico llaman la atención. El alma tiene la capacidad de la clarividencia, puede prever y producir una curación. Son atributos de la realidad transcendental del alma y de su energía psíquica.
7. Un fichero sobre los propios sueños e imágenes claves, resumidos en palabras cortas ayuda; no sólo para una orientación general, sino que es una ayuda en la continuidad de la interpretación de las imágenes claves singulares.
8. Tener todos los años una retrospectiva sobre la vida de los sueños promueve la continuidad y el desarrollo de la individuación. Un resumen de la clasificación ayuda a localizar y a valorar los procesos cumplidos.

3. El espíritu como fuerza que crea los sueños

El trabajo del sueño

¿Qué tipo de fuerza es el que nos crea los sueños? "*El trabajo del sueño*" se llama el término antiguo que construye los sueños. Esto no significa el trabajo de la interpretación de los sueños, sino el rendimiento de la fuerza que crea los sueños.

Hace cien años cuando empezó la interpretación de los sueños científica. Sigmund Freud pensaba que sirven como motor de los sueños los deseos suprimidos, pulsiones, instintos suprimidos, pasiones, perversiones, fantasías y emociones infantiles de la niñez. Esta teoría clásica enseña aún hoy. En el curso del desarrollo del psicoanálisis añadieron otros impulsos que crean los sueños: motivos, instintos naturales, inferioridad, complejos (son las experiencias y los conflictos emocionales suprimidos), el experimentar del "estar en el mundo" y problemas con la vida de todo tipo. Carl Gustav Jung investigaba las fuerzas básicas del alma que en cierto modo son legadas por herencia y empujan con fin de compensación, de equilibrio, de disolución de las oposiciones y de despliegue hacía el "self" mayor. Estas fuerzas crean los sueños, enseñó Jung. Y todavía los analistas de su escuela lo enseñan.

La investigación en este campo tiene hoy conocimientos más amplios: No sólo se manifiestan en los sueños el inconsciente y la tendencia de autorrealización sino la vida entera de la persona que está soñando. Muchos sueños tratan de los desafíos reales de la vida diaria, de condiciones sociales, de todos los temas espirituales, de la religión y del mundo transcendental. El contenido "latente" de un sueño ciertamente no puede ser la fuerza que "trabaja". Pues ni un deseo, ni una necesidad, ni una fuerza del instinto, ni el sentimiento de inferioridad, ni el caos en el almacén del cerebro, ni una fantasía de una persona, ni cualquier experiencia dolorosa anterior puede crear esta construcción tan inteligente de los sueños.

➤ El inconsciente, es decir el contenido del inconsciente, no puede de ningún modo por sí mismo construir un sueño creado tan inteligente y genial.

➤ Lo que sea el contenido de un sueño, eso nunca puede ser la fuerza que crea los sueños.

Por eso el concepto psicoanalítico clásico no vale más. Por lo tanto, no queremos seguir usando el termino histórico "trabajo del sueño". Produce demasiado malentendidos. ¿Pero qué es la fuerza que construye tan inteligentemente los sueños?

La censura del sueño

Una y otra vez el psicoanálisis destaca que algo suprimido y rechazado quiere surgir en la consciencia a través de un sueño. Por otro lado, dicen que al mismo tiempo hay una fuerza que censura el mensaje del sueño, lo oculta y lo enmascara con el fin de una autoprotección. Ciertamente el yo tiene una capacidad de carga limitada y rechaza ciertos asuntos delicados. El hombre no quiere ni ver ni experimentar de nuevo un inventario demasiado cargado y penoso. Sobre todo, lo que es embarazoso no tiene aceptación en nuestra sociedad. El mecanismo de censura sortea este defensa del hombre. Esto es la razón por la que este mecanismo cubre y desplaza lo que el sueño quiere decir al mismo tiempo. (Me refiero a este mecanismo en el capitulo 7.)

Pero es un hecho que los sueños buscan el diálogo con el yo consciente. Los desarrollos en la psicología profunda afirman en su mayoría esta tesis.

> Un sueño no quiere ni cubrir, ni minimizar. El sueño quiere revelar e informar.

Las actividades espirituales

Ya Sigmund Freud reconoció que en el trabajo del sueño hay una actividad inteligente muy compleja. Más tarde Carl Gustav Jung destacó esta fuerza inteligente, lejos de la naturaleza hacia el campo espiritual. El psicoanalista Erich Fromm y otros más reconocieron que una actividad espiritual fundamenta los sueños. Hoy esta tesis es muy evidente en mucha literatura, pero lo expresan raramente de tal forma. Hay varios términos para esta fuerza espiritual. Unos por ejemplo hablan de la "inteligencia inconsciente", otros del "Self espiritual". Quiero exponer lo que es esta fuerza espiritual seguidamente.

> En el organismo psíquico hay una fuerza inteligente y dinámica que construye los sueños con muchas formas de arquitectura y de creación.

Los sueños y la religión

Miramos hacia el pasado a las religiones antiguas, encontramos en todos sitios esta fuerza espiritual como fuente de los sueños. En Egipto los sueños eran un don de Dios. En el Este Medio (Mesopotamia) la interpretación de los sueños está reservada a los sacerdotes. Filósofos griegos reconocieron en los sueños la fuerza extrasensorial del alma. Dios y Dioses encargan al hombre a través de los sueños crear su destino. Buda enseñó que la vocación de Dios nos llega por los sueños. En el Talmud el sueño es un mensaje de Dios. En la Biblia los sueños son mediadores entre Dios y el hombre. Los sueños sirven al plano de salvación. En los sueños Dios da sus instrucciones. De paso podemos mencionar algunos sueños proféticos en la Biblia: Daniel (2, 4, 7), Hiob (33, 14-18), 2. Moses (3, 5), Jeremias (23, 28), 4. Moses (12, 6-8); y los sueños referidos en Matthäus (1, 20; 2, 13-15, 22) y Paulus (Apg.16, 9; 18, 9; 23, 11). Entre otros oficiales en la iglesia Thomas de Aquino desarrollo una enseñanza sobre la interpretación de los sueños. A saber, dijo que muchos sueños vienen del diablo. Pero hay que considerar el contexto histórico. Lo irracional y la naturaleza de los sueños, sobre todo sueños con contenido sexual no podían comprenderse, ni desde el punto político de la iglesia, ni por su teología como algo del espíritu de Dios. Interpretamos hoy el diablo como la vida psíquica rechazada y suprimida (que puede tener efectos verdaderamente diabólicos), no es una idea tan falsa. Pero también la vida psíquica la Iglesia no podía y no puede integrarla.

➢ Los sueños son la lengua del espíritu de Dios en el alma del hombre. En todas las religiones la revelación divina ocurre por los sueños.

Si hoy en día unos psicoanalistas hablan de "la fuerza espiritual de la psique", abren con esto la puerta hacia la dimensión interior religiosa y transcendental. Y vuelven sobre la tradición de la enseñanza sobre los sueños de las religiones. Tienen que ir por este camino. No tienen alternativa. Pues es la única teoría correcta, lo que sea la terminología, el análisis y la investigación del conjunto y de la complejidad de esta fuerza espiritual.

El inconsciente colectivo

Según Carl Gustav Jung el "inconsciente colectivo" es un sector que está bajo el inconsciente de la persona (ver: capitulo 8). En este inconsciente colectivo se encuentran las experiencias viejísimas de la humanidad. De este espacio surgen los arquetipos, es decir las imagenes heredadas del potencial del ser humano. Aquí está la fuente del conocimiento. Aquí están los modelos y los motivos de la religión universal. Los arquetipos son las muestras básicas del ser humano psico-espiritual.

C.G. Jung dijo que el inconsciente colectivo también es la suma de todos los conocimientos que la humanidad ha elaborado. Esto no se puede comprobar y es confuso añadir que el inconsciente contiene al mismo tiempo las estructuras heredadas para el desarrollo y la maduración. El organismo psíquico mismo tiene por sus características la tendencia con fin de su educación (formación) y su desarrollo. Por último, aseveran que este sector del inconsciente colectivo está bajo el inconsciente personal.

He revisado este concepto del inconsciente colectivo en "la empírica de la individuación". El espacio colectivo indefinido de la psique individual, como lo determinan los Jungianos induce en su definición a errores y no tiene con sus amplios temas apenas limite. Frente a esto presento una nueva tesis:

➢ El espíritu en el organismo psíquico de cada hombre es la fuente de los arquetipos, es la fuerza del alma la que dirige el proceso del crecimiento en un ser humano verdadero (alemán: "Menschwerdung") a través la individuación.

La nueva definición: La realidad del inconsciente colectivo

Basándome en los hechos de la percepción extrasensorial y de la energía psíquica del hombre supongo que hay un espacio energético alrededor del hombre y de la tierra, (atmósfera) que contiene la energía psíquica y que puede conducir la energía psíquica formada de los pensamientos, las ideas y acciones. Para explicarlo en una imagen: Así como los hombres dejan el gas del escape del automóvil en la atmósfera, así emiten también energía psíquica. Así como el aire está más y más intoxicado, así los hombres intoxican más y más este espacio cósmico y psico-energético. Mil millones de pensamientos y unidades de sentido del actuar humano están almacenados en este espacio. Toda la energía psíquica formada en el hombre, forma este espacio colectivo. Pues el hombre emite esta energía en su entorno. La telepatía y la clarividencia son ejemplos de esto. Así se forma desde el tiempo inmemorable hasta el futuro ilimitado. Nuestra alma "respira" de cierto modo el *"humo psíquico"* de los antecesores, conteniendo todos los sentidos sobre sufrimientos y alegría, sobre guerras y dramas, sobre odio y amor, sobre el ser humano arcaico y evolutivo. Seguimos un paso más en esta hipótesis: En el universo hay un sol psico-energético, a entender como el sol real. El sistema psico-energético vive de esta energía, 'respira' este 'aire espiritual'. Todos los hombres están ligados juntos en esta red energética. Esto es la realidad del inconsciente colectivo.

> El inconsciente colectivo es el espacio psico-energético alrededor del hombre y llega finalmente hasta el universo indefinido. Los hombres forman este espacio energético con su energía personal a través de sus pensamientos, sus sentimientos, sus ideas y sus acciones, pues emiten su energía formada individualmente.

El espíritu en el alma

La fuerza inteligente que crea los sueños es una fuerza transcendental en el organismo. Yo la llamo "espíritu", o "espíritu interior", o "inteligencia absoluta del alma", o "espíritu cósmico en el hombre". Ciertamente podemos decir: *"espíritu de Dios"*. Ahora sabemos a donde llegamos con este termino. Esta fuerza espiritual se distingue básicamente por sus rendimientos específicos de todas las otras fuerzas psíquicas, y no tiene nada que ver con estas otras fuerzas psíquicas, nada que ver con la inteligencia y la razón del hombre. Este espíritu es – al contrario del termino cristiano dogmático – de todas maneras, capazes de un diálogo amplio y profundo. Las palabras "Espíritu" y "espiritual" en la lengua cotidiana se relacionan con capacidades humanas, cognitivas y culturales. Este significado profano no es idéntico con lo que quiero expresar con "espíritu" y "espiritual".

"*Espíritu*" es la fuerza que crea los sueños y que compone las meditaciones inteligentemente y que puede ser considerado como fuente de la intuición respectivamente de la inspiración. El espíritu es una fuerza informativa, organizadora y guía, más allá de la persona física y sin embargo dentro del organismo psíquico de cada hombre. El espíritu es el principio de acción del alma. El espíritu es vivificador, estimulante, inspirador, benévolo y muy cooperativo. El espíritu es la fuente de la sabiduría. Entonces el espíritu no es una creación humana, no es un producto de la cultura, sino una función espiritual y psíquica en cada alma. Es verdaderamente el "espíritu de Dios". No podemos ni formar, ni dirigir este espíritu.

➢ El espíritu en el organismo psíquico es la fuerza que crea los sueños.

➢ El espíritu es enteramente autónomo frente al yo, a la vida humana y al actuar del hombre.

(La elaboración de esta tesis bajo muchos aspectos se encuentra en mis libros: "Sueños. Imaginación. Energía psíquica.", "Autoconocimiento", "Crecimiento interior" y "Empírica de la individuación".)

Las características del espíritu

La definición general de la terminología "espíritu" incluye algunos atributos significativos y capacidades especiales de esta fuerza. Mis investigaciones desde hace muchos años sirven de fundamento. El espíritu tiene ocho características que llamo "andragógicas" (educativo y directivo al ser humano), son los siguientes:

1) El espíritu habla al yo por los sueños y por imágenes interiores (meditación, inspiración), de mayoría con una experiencia activa.

2) La lengua del espíritu consiste en palabras, imágenes, símbolos, arquetipos, acontecimientos y acciones simbólicos.

3) El espíritu tiene acceso a todas las realidades internas, externas, ajenas y espirituales (transcendentales). El espíritu "ve" todo y sabe todo lo que un hombre de ningún modo puede percibir (capacidades extrasensoriales).

4) El espíritu aspira la ampliación de la consciencia, la elaboración, la transformación y la formación continua.

5) La tendencia principal del espíritu es la guía humana, es decir guiar al hombre en dirección de un ser humano psico-espiritual equilibrado en todos los lados.

6) El espíritu tiene un sistema de valores y normas propio que se orienta básicamente en valores del alma. El espíritu tiene su propia regla (escala) para el amor, para la justicia y la sinceridad.

7) El espíritu conoce el "código" del proceso de crecimiento entero. El espíritu opera con fines del proceso de la individuación, es decir la personalización psico-espiritual. Individuación es después de todo la "realización de Dios en el alma".

8) El espíritu es la fuente de la experiencia cósmica y universal y la experiencia de la revelación divina. El espíritu es la fuente de toda sabiduría.

(Quiero añadir: El espíritu es también una fuerza activa que dirige con inteligencia la energía en los rituales psico-energéticos. Ver: "El proceso de la individuación"; Sueños. Imaginación. Energía psíquica.).

Las características andragógicas de los sueños

Aquí quiero destacar que los sueños actúan de forma andragógica, es decir educando y guiando al hombre. El espíritu quiere poner en orden, y no producir un caos, quiere hacer consciente, y no cubrir. El espíritu tiene acceso al banco de datos de la biografía entera de una persona hasta el tiempo prenatal. El espíritu ve soluciones cuando el yo consciente no ve ningún camino. El espíritu quiere la totalidad psico-espiritual del hombre. El espíritu quiere animar, desarrollar nuevas metas, incentivar y nunca quedarse parado. La dirección onírica como fuerza educativa determina las características activas de los sueños. Podemos constatar:

➢ El sueño es informativo.
➢ El sueño organiza el inventario importante.
➢ El sueño trabaja hacia un equilibrio.
➢ El sueño favorece soluciones.
➢ El sueño es creativo y estimulante.
➢ El sueño actúa uniendo.
➢ El sueño favorece la educación humana.
➢ El sueño abre las fuentes del "misterio humano".
➢ El sueño quiere dirigir al hombre hacia el espíritu y Dios.

Hay otra forma (otro aspecto) de decir lo mismo: La vida psico-espiritual inconsciente (no reconocida) quiere hacerse consciente. El organismo psíquico mismo empuja hacia la educación, el cambio, el despliegue y el crecimiento. El organismo psíquico entero es un dinamismo activo hacia un equilibrio de las fuerzas, hacia una realización en el mundo y contiene en este sentido una tendencia dinámica y regulable por sí mismo.

La valencia (importancia del valor) de los temas oníricas

Si nos preguntamos por qué una persona tiene justamente este sueño y no otro en un cierto momento, la reflexión andragógica no da una respuesta: El tema de este sueño es en este momento importante y actual. La causa está en un status actual y en la importancia del tema. La fuerza energética de deseos, pulsiones, complejos, ganas etc. evoca su lugar en la sucesión de los sueños. Además, la tensión en oposición entre el estilo de vivir hacia el mundo real y las demandas del alma evoca el grado de la valencia.

➢ La tensión de la valencia, es decir la importancia del valor de un tema determina la prioridad de un sueño (tema y momento).

➢ Vale la regla: La urgencia de lo que es importante es anterior a la importancia superior (y eso determina la valencia).

Hay muchos temas básicos de la vida psíquica que tienen más importancia que por ejemplo una querella con su partenaire. Pero hay que soluicionar la querella antes de llegar a los temas básicos del ser humano. Ciertamente todos los temas profundos surgen en los sueños paso por paso después de las actualidades urgentes. Así cambia la vida onírica entre hechos importantes actuales y los temas importantes del inconsciente, respectivamente de la persona y su vida.

La andragogía en contra de la psicoterapia

La interpretación de los sueños se ha orientado en este siglo en el psicoanálisis, aparte de algunas excepciones. Esto llegó a una comprensión muy estrecho del mundo onírico y de su trato profesional. Los clientes de la psicoterapia y del psicoanálisis en aquella época, como hoy en día forman un grupo especial, quiero decir que las situaciones de esta clientela se caracterizan por un sufrimiento especial con condiciones psíquicas excepcionalmente cargadas. Esto repercute un trato enormemente estrecho dentro de la investigación de los sueños y de su práctica.

Por consecuencia exijo: Es de alta prioridad poner la vida onírica y su interpretación en primer lugar y principalmente en la rama general de la educación humana (la andragogía). Por lo tanto:

➢ El espíritu actúa principalmente con fin andragógico y no psicoterápico.

La psicoterapia general, la terapia analítica y la psicoterapia psiquiátrica que trabajan con los sueños, son solamente una forma especial de la andragogía. Su posición inicial y su campo de trabajo están limitadas por sufrimientos psíquicos y psicosomáticos. El sufrimiento mismo exige un modo de procedimiento andragógico y un trato a los pacientes especiales (llamado: "terapéutico"). La práctica de la psicoterapia tiene que considerar de forma específica la situación de sus clientes. En el centro están: la capacidad de carga, la intensidad de la defensa, el dinamismo de la percepción (proyecciones), la fuerza energética de los complejos, el peso del sufrimiento, la destructividad de las fuerzas suprimidas o formadas inadecuadamente, los instintos (Triebe), las fuerzas psíquicas que bloquean el vivir (por ejemplo, el superyó, ligaduras regresivas) y mucho más. Este trato ("técnicas de trabajo") es ciertamente un poco diferente de la práctica de la andragogía.

➢ Principalmente cada psicoterapia es implícitamente "andragógica", es decir educar y guiar al hombre en el sentido psíquico, psicosocial, cotidiano y parcialmente espiritual.

Las metas de la psicoterapia y del psicoanálisis con la interpretación de los sueños

Todas las escuelas analíticas y terapéuticas y su forma de trabajar con sueños tienen las mismas metas básicas. Estas metas en su definición aún *formal* son en su núcleo todas andragógicas, educan y guían al hombre:

- Tener consciencia de la situación
- Ampliar el conocimiento de la situación por experiencia
- Comprender y aceptar la situación
- Elaborar la situación
- Disolver los componentes del conflicto
- Aprender de nuevo en muchos aspectos
- Cambiar la situación
- Formar una nueva situación
- Fortalecer la nueva situación
- Probar su eficacia en la vida

La dirección de estas metas andragógicas formales en su *contenido* es: Autoconocimiento, desarrollo sano y despliegue de todas las fuerzas, realización del ser interior, formar su propia identidad como hombre o mujer, promover un proceso que más y más llega a una totalidad auténtica (individuación). Para la interpretación de los sueños podemos decir:

➢ Las metas formales y las metas centrales en cuanto al contenido (autoconocimiento e individuación) tienen importancia para la educación humana (andragogía) tanto como para los fines y la intención de los sueños.

Las metas de la andragogía

En mis libros de trabajo y de estudio he investigado y analizado extensamente estos fines andragógicos y su función directiva hasta los detalles. He desarrollado un nuevo concepto de la andragogía en "visiones para la educación humana". Las metas se fundamentan después de todo no solo en el dinamismo de las fuerzas psíquicas. Son características del actuar del espíritu en el organismo psíquico. Se basan extensamente en el principio de la utilidad constructiva. Quiero presentar aquí las funciones de los fines andragógicos en general, es decir que son funciones con intento de educar al hombre:

1. Conocer todas sus fuerzas psíquicas y comprender la lengua de los símbolos; considerar sus efectos en el actuar diurno y comprender desarrollo histórico (el pasado y el presente).

2. Ordenar en todas las fuerzas psíquicas, es decir corrección y catarsis; Reestructurar del potencial entero hacia una totalidad; integración y diferenciación en el consciente.

3. Crecimiento y despliegue de todas las fuerzas psíquicas, basadas en las transformaciones psíquicas necesarias y en las etapas psico-espirituales y evolutivas (individuación).

4. Manejar y resolver las crisis, los trastornos, las dificultades; comprender e integrar los sufrimientos de forma adecuada; aprender los instrumentos y las competencias necesarios (capacidades del actuar).

5. Encontrar respuestas a preguntas esenciales sobre el ser humano y su vida desde la experiencia del autoconocimiento e individuación; construcción de una imagen humana diferenciada y de su comprensión; integrar los valores básicos del alma como: amor, autenticidad, libertad interior, felicidad, espíritu y sabiduría.

6. Crear su vida personal, social y cultural desde la posición de una ligadura interior en la individuación; tomar la responsabilidad y vivir la solidaridad colectiva hasta que este ser humano encuentre una expresión en la vida y que estas objetivaciones (las expresiones en la vida) promueva al ser humano en la vida colectiva.

➢ La característica andragógica del espíritu orientado a sus fines nos permite determinar la finalidad de los sueños, comprender la forma creativa de la lengua y dar a la interpretación de los sueños un contexto andragógico claro.

Si consideramos la práctica de la psicología profunda en el campo de los sueños en nuestro tiempo y si ampliamos su comprensión de finalidad con el potencial de la fuerza espiritual, podemos en una vista general identificar una serie de rendimientos concretos de los sueños. Quiero enseguida exponerlos:

Las funciones de rendimiento de los sueños

Hay varias funciones esenciales de rendimientos de los sueños, y producen un conjunto y siempre en pasos adecuados:

- Informar, clarificar, analizar, enseñar realidades (también aquellas que no vemos solo por el ojo), mostrar lo que hay detrás de las realidades reales (la realidad de los sentidos), en general hacer consciente respectivamente ampliar el consciente.

- Pronosticar, prever, esbozar un desarrollo posible, indicar soluciones, crear nuevas ideas para que en el futuro la vida se mejore y se llene de sentido.

- Aconsejar, ayudar, promover, integrar, soportar, proteger, vivificar, gobernar con seguridad hacia metas, estimular para superar, motivar para cambios, fortalecer en una situación de sufrimiento inmutable, cooperar y comunicar.

- Advertir, dar alarma, mostrar peligros, descubrir mentiras, exhortar a la prudencia, quitar impedimentos, y también proteger la vida psico-espiritual.

- Estimular, dar impulsos, dibujar algo creativo, crear un dinamismo y algo nuevo, en este sentido "nutrir". 'Creativo' quiere decir también: dar nuevas ideas para vivir, proyectar un nuevo plano de vida y preparar su camino.

- Curar, arreglar, elaborar, disolver muestras antiguas, 'limpiar', poner en orden, descargar, hacer libre, producir un proceso de formación interior, crear un equilibrio, seleccionar y clasificar, indicar enfermedades en peligro.

☐ Autoconocimiento, evocar puntos de cambio, desarrollar, formar potenciales, llegar a la edad madura, transformar, llegar a la libertad, favorecer las fuerzas que estimulan el desarrollo, promover capacidades de superación, producir la reencarnación interna (auto-renovación), establecer la totalidad y formar el destino.

☐ Valorar y reflejar las valoraciones de la persona. Enseñar lo verdadero, lo bueno y lo malo. Promover el amor y la veracidad como valores esenciales. Incluir los valores del alma en la vida real.

☐ Producir la experiencia de la transcendencia y la experiencia del origen transcendental del ser humano. Guiar al hombre hacia la realidad de Dios y el espíritu en el hombre y en el universo.

Es comprensible que el espíritu no descarga al hombre del trabajo, que hay que hacer el esfuerzo necesario. El espíritu no puede conseguir nada sin la cooperación activa de la persona. El hombre tiene que aprender mucho, tiene que trabajar con dureza en su autoeducación. Esto implica unas actitudes prácticas:

➢ El hombre tiene que responder los rendimientos de sus sueños con rendimientos propios.

➢ El hombre es llamado en su existencia más total y profunda para entrar en un diálogo con el espíritu.

La genialidad de la fuerza que crea los sueños

Hemos visto, el espíritu como fuerza que crea los sueños tiene un enorme potencial de rendimiento. Solo la imaginación sobre la plenitud e "inteligencia" de las transformaciones de un fin en un sueño, nos deja escuchar atentamente: análisis del tema, reducción del mecanismo de defensa, flexibilización en el desarrollo de una situación, elaboración de la biografía, liberación de los padres, fortalecimiento del yo, renovación total de las actitudes y de las muestras de comportamiento, Aprendizaje de la comunicación y de los hábitos, enseñanza sobre estrategias para resolver conflictos, fortalecimiento de la capacidad de carga, orientación nueva en convicciones religiosas y espirituales, y el acceso flexible en las etapas intermedias del desarrollo etc.

El proceso real de un desarrollo de una situación personal tarda unos años. Nadie pueda garantizar con anticipación el éxito. En efecto, muchos sueños son necesarios para mantener en marcha el proceso y para guiarlo hacia metas buenas. Al inicio un sueño comunica: "¡Trabaja ahora y no eches a correr!" Quizá el espíritu tiene que bajar velas frente a una imposibilidad para una solución constructiva, en el sentido de mejorar una situación encallada (por ejemplo, en un puesto de trabajo, en el matrimonio) y dice finalmente: "¡No funciona! ¡Hay que buscar otro camino!" O el espíritu ve que es imposible renovar una situación difícil y demanda una renovación de sí mismo enteramente nueva.

El espíritu también parece ser despiadado, no porque lo quiera sino porque no tiene ningún poder frente al yo: Él que no quiere oír atentamente, es decir que no quiere el dialogo con la fuerza más valiosa de su psique, tiene que soportar las consecuencias no importa lo grave que sea para el individuo y para el colectivo.

➤ No existe nada comparable con el potencial de rendimiento del espíritu.

El diálogo humano con el espíritu

Muchas personas se ocupan de sus sueños con buena voluntad. Unos piensan que es suficiente anotar los sueños y meditar unos pensamientos. Puede ser así cuando se trata de hechos diurnos. Pero la vida psíquica y la vida real contienen muchos más temas complejos que exigen más que una ocupación superficial con la vida onírica. El espíritu pone exigencias al hombre, quiere el dialogo con el yo. Su rendimiento es la creación genial de los sueños y con esto la creación de los procesos de transformación. Frente a esto el hombre tiene que entrar de otro modo en el diálogo.

➢ El emplazamiento del yo consciente está en el mundo. El emplazamiento del espíritu está en el alma.

Hay dos aspectos que caracterizan el punto inicial del dialogo:

En primer lugar, son las imágenes de la creación onírica. Son muy variados y variables en la forma del desarrollo. Cada individuo con una situación similar tiene ciertamente imágenes y un desarrollo diferente. Una gran cantidad del material imaginativo es, a pesar de una situación problemática similar, inconfundiblemente individual. Un sueño como parte de un desarrollo de una situación es un elemento pequeño en una serie dentro de un periodo largo de sueños.

En segundo lugar, tenemos la situación de una persona. El organismo psíquico es una realidad muy compleja. La vida interior puede ser formada inadecuadamente para la vida y de modo múltiple. Y además la vida real es la otra parte del ser humano. La vida diaria pone exigencias multilaterales y a veces inmensas al yo y a la vida psíquica.

➢ El dialogo del hombre con su espíritu demanda varios rendimientos.

Los rendimientos del hombre en el diálogo con sus sueños

Entre tanto está claro ahora: El hombre en un asesoramiento, en el análisis o en la terapia no solo es simplemente el proveedor de sueños. En la interpretación de los sueños, al fin y al cabo, no es el sueño lo que está en el foco de atención, sino el hombre mismo y su vida. Por lo tanto: No hay una ampliación del consciente, ni una curación, ni una transformación de procesos psíquicos y tampoco un crecimiento hacia la totalidad sin rendimiento activo de la persona.

➢ La interpretación de los sueños es una cosa. Otra cosa es meterse dentro de los procesos de los sueños, porque esto significa obligación, seriedad y disposición a una auto-reflexión crítica.

➢ El sueño no puede descargar a alguien ni de una decisión, ni de la responsabilidad. Esto supone una capacidad de consciencia respectivamente una sensibilidad moral.

➢ Sin alto grado de introspección, sin orientación interior reflexiva e introvertida, y esto significa unos periodos de retirar su energía dirigida a la vida exterior, la continuidad del proceso no está garantizada.

➢ El "proyecto" de una solución de un tema de vida compleja y esencial puede tardar unos años. Quiero decir que esto incluye una elaboración de sus sueños a largo plazo.

➢ Sin adaptar conocimientos de la psicología profunda el proceso casi no es superable. Eso presupone un cierto interés en conocimientos psicológicos y espirituales.

➢ Cuando uno se inscribe en la ayuda de sus sueños, cuesta dispendio, tiempo y dinero. A veces hay que ponerse prioridades en el ocio.

- Dedicarse a la guía onírica exige una confianza enorme en la fuerza espiritual y un compromiso obligatorio al diálogo con el espíritu.

- El éxito presupone que cooperar con el espíritu vale mucho al hombre, al menos tanto que su ser humano psico-espiritual y con eso su vida tienen importancia al hombre.

- Sin renovación entera y profunda de la personalidad, una situación compleja, real e intrapsíquica, no hay soluciones equilibradas y abiertas hacia el crecimiento.

- El autoeducación y la individuación con los sueños exigen mucha paciencia. Resulta difícil para aquellos que siempre quieren un resultado concreto inmediatamente.

- La interpretación de los sueños demanda el uso de la inteligencia y de la razón, afinado con introspección e intuición.

- Uno puede enriquecerse con un diccionario de sueños, fundado en la psicología profunda: La multitud de los símbolos y de su campo de significado estimula y actúa de forma creativa, en la ocupación de la vida interior.

- Con una ayuda profesional en la interpretación de los sueños se encuentran más fácilmente las soluciones con caminos más seguros. Un asesoramiento y una ayuda profesional son imprescindibles en circunstancias difíciles y con metas altas para la autoeducación y la individuación.

- El camino a la totalidad psico-espiritual, y en este sentido a una realización de Dios es largo y penoso. En este camino hay que cumplir muchos procesos arquetípicos. El camino y la meta son la vocación del hombre. Ambos vienen del espíritu y se realizan con el espíritu.

Puntos para recordar:

El espíritu es una fuerza transcendental en el organismo psíquico, es la fuerza que crea los sueños.

El espíritu habla a través de los sueños, de las meditaciones y de la intuición. Su lengua es la lengua de los sueños.

El espíritu quiere el diálogo con el hombre.

El espíritu tiene capacidades de percepción extrasensorial.

La función andragógica de espíritu es la guía hacia el autoconocimiento, el despliegue, el crecimiento hasta la totalidad psico-espiritual.

El espíritu es la fuente de todas las revelaciones sobre la transcendencia y Dios.

El espíritu actúa y controla los procesos arquetípicos del alma.

El espíritu guía al hombre hacia una ampliación del consciente, una elaboración equilibrada de todas las formaciones humanas hacia un equilibrio múltiple.

El espíritu es creativo, estimulante, cooperativo y constructivo, para la vida psíquica como la vida real.

El mensaje de los sueños es siempre andragógico, es decir educa y guia al hombre. La persona siempre tiene la responsabilidad.

No hay ni un cambio, ni un despliegue, ni un crecimiento y tampoco un cumplimiento del ser humano sin procesos paralelos de aprendizaje consciente. Es imprescindible adquirir conocimientos y métodos de trabajo si uno quiere meterse en el diálogo con sus sueños.

4. Las imágenes y los símbolos en los sueños

Las imágenes oníricas sobre el ser humano y la vida

La multitud casi infinito de imágenes oníricas tratan del hombre y su vida. La vida en las naciones industrializadas del Oeste transcurre en caminos intranquilos con bastante estrés, con mucha movilidad, con innumerables bienes de consumo y con un espacio de actividades amplio para cada uno. Esta vida exige del hombre mucho más que sólo su obra diurna, el autoconocimiento y la individuación. La vida externa siempre está en acción, hoy en día más que nunca. Los mundos de la vida llegan a ser más y más complejos y están incesantemente en cambio. Por lo tanto, la vida que cambia tan rápido, demanda también una multitud de escenarios oníricos, imágenes y acciones oníricas conforme a la época. Por eso encontramos hoy una mayor multitud de imágenes y acontecimientos en los sueños que en tiempos anteriores.

El progreso técnico exige al hombre. El consciente se globaliza en mucha gente lo que influye enormemente en la vida psíquica inconsciente. Es lógico que el espíritu tiene que trabajar con realidades que relacionan la época actual. Las imágenes y los símbolos provienen en su mayoría de nuestra vida presente.

➢ Nuestro mundo de hoy está muy enriquecido de imágenes, de acciones, de acontecimientos y hechos. Toda esta multitud encontramos en nuestros sueños.

Los segmentos del contenido de los sueños

Al principio damos un vistazo general sobre el contenido (manifiesto) de los sueños. Tomamos miles de sueños de muchas personas y después dividimos los escenarios en sus componentes. Luego miramos las imágenes oníricas singulares y agrupamos éstas según lo común general. Encontramos a grosso modo los siguientes segmentos:

- **Hombres:** Con cuerpo y formas de expresión: mímica, gestos, movimientos.
- **Naturaleza:** la tierra con sus fuerzas básicas, el mundo de todas las plantas.
- **Mundo de los animales:** Todo lo que uno conoce hoy.
- **Mundo de los objetos:** Todo lo que podemos encontrar en nuestra vida.
- **Acciones:** Un hacer, una acción, también palabras y el hablar.
- **Acontecimientos:** Algo ocurre: con hombres, bienes, animales, naturaleza etc.
- **Escenarios:** El sitio donde ocurrió algo, ocurre o ocurrirá algo.
- **Arquetipos:** Sobre el misterio, presente en nuestra cultura en muchas variaciones.

➢ Cada segmento de imagen en los sueños contiene muchas imágenes y elementos diferentes.

Miramos en detalle más preciso estos segmentos de imágenes:

Los segmentos de imágenes en el sueño

1º Segmento: Hombres en el sueño
Ejemplos: Padre, madre, parientes, secretaria, teniente, cura, amigo, conocido, policía, niño, enemigo, desconocido, profesor, ladrón, asesino, personas de la vida pública etc.

2º Segmento: Naturaleza en el sueño
Ejemplos: Árbol, flores, campo de trigo, terremoto, borrasca, fuego, tempestad, nieve, niebla, lluvia, trueno, rayo, árbol con frutas, lago, huracán, prado, río, arroyo, jardín, nubes etc.

3º Segmento: Mundo de los animales en el sueño
Ejemplos: Animales de la casa como perro, gato etc.; animales monteses de todo tipo conocidos generalmente, pájaros etc.

4º Segmento: Objetos en el sueño
Ejemplos: muebles, traje, zapatos, comestibles, cajas, ordenador, móviles, autobús, tren, barco, coche, bicicleta, ropas, libros, teléfono, cuchillo, bolsa, objetos de valor etc.

5º Segmento: Acciones en el sueño
Ejemplos: Hacer la compra, cocinar, ducharse, escribir cartas, leer, conducir, viajar en tren, andar, viajar, trabajar (laboral), telefonear, hablar, mirar, comportarse agresivamente, llorar, excursión por la montaña, estar en camino, pescar, emplear la violencia etc.

6º Segmento: Acontecimientos en el sueño
Ejemplos: herida, huida, muerte, enfermedad, accidente en coche, robo, amenaza peligrosa, recibir un orden o un diploma, ser elegido, exámenes, bautismo, consagración, misa, fiesta, ceremonia, conferencia, invitación, visita, juegos, saludo, abrazo, teatro, concierto, enterramiento, querelles, asesinado, llamada de un teléfono, película, lucha etc.

7º Segmento: Escenarios en el sueño
Ejemplos: Iglesia, autovía, restaurante, sala de conferencia, ciudad, bosque, zoo, paisaje, mar, desierto, montaña, camino, escuela, playa, baño, sótano, garaje, fábrica, instituciones de todo tipo (tribunal, estado, ejército, policía etc.), cementerio, en el tren, en un barco, en el avión, plaza, calle, pueblo, capital, hotel, en una montaña etc.

8º Segmento: Arquetipos en el sueño
Ejemplos: Paraíso, bruja, diablo, hombre sabio o mujer sabia, sol espiritual, pirámide, salas misteriosas, copa del Grial, castillo, símbolos geométricos, símbolos de Dios (arbusto ardiente, Mandala de la totalidad) etc.

Las imágenes como retrato (representaciones) de la realidad

Reconocemos claramente con estos ejemplos que muchas imágenes en sueños corresponden exactamente a lo que conocemos de nuestra vida real. Respecto a eso consideramos algunas primeras preguntas:

¿Es necesario comprender al jefe propio del puesto de trabajo real en un sueño como un símbolo? ¿Por qué el jefe en un sueño no podría representar simplemente al jefe real? ¿Por qué la madre propia en un sueño tendría que ser un símbolo y no la madre real? ¿Cuándo alguien en un sueño está en camino con su coche, es necesario interpretar el coche como símbolo, o sería posible que solo haya que considerar que está en camino con su coche? ¿Cuándo en un sueño alguien entra en una iglesia, contempla la ceremonia de la misa (como conocida), es imprescindible interpretar el escenario como si fuera un símbolo? El sueño podría entenderse: "¡Mira exactamente lo que hace la gente!" ¿Cuándo una mujer en su sueño tiene una disputa con su partenaire, es absolutamente necesario buscar algo 'detrás' de la querella? ¿No podría ser suficiente de opinar que el sueño simplemente dice que hay que considerar una vez profundamente estas querellas continuas?

➢ Hay muchas imágenes en los sueños que reflejan directa y muy realmente una parte de la realidad diurna.

Pues, en estos casos el sentido está exactamente en esta realidad real y no hay nada de simbólico. En segundo lugar, una reflexión intensa de la situación real puede ampliar el hecho real con el fin de diferenciar el significado en un contexto de sentido más amplio.

➢ Cuando una persona tiene un contexto real a una imagen onírica, sea emocional, práctica o de cualquier importancia real, se trata de una representación real (es decir: un retrato). El sentido se relaciona evidentemente a la realidad objetiva.

Sobre todo, los sueños que tratan de la vida cotidiana tienen un significado representativo (significado de retrato). Son simplemente sueños que están en el contexto de hechos pequeños o grandes de cada día. Hay diccionarios de símbolos que tratan todo como si fuera un símbolo, por ejemplo: el padre, la madre, el vecino, la abuela, al amigo (la amiga), el partenaire, un accidente de coche, una inundación, un fuego en la casa, el acto sexual, una palabra, una frase, la vivienda propia, viajar en coche, una parte del cuerpo, el volar o el caer o el huir, la habitación de la niñez pasada, el mobiliario en un tren (donde está la persona soñando), serpientes debajo de la cama, la bolsa robada, las llaves perdidas... y mil cosas más. Fácilmente se corre el peligro de interpretar falsamente una imagen, cuando uno no distingue entre símbolos y retratos (representaciones exactas).

➢ Un retrato no está en un sueño para algo diferente, no lleva un significado fuera de la imagen y no remite a algo diferente.

➢ Un retrato es una imagen que se representa sí misma, es una exposición de sí misma en la realidad. El significado está claramente dentro de la imagen.

Los retratos disonantes

Hay imágenes y escenarios en sueños que enseñan hechos reales, pero con atributos y componentes que en ningún modo corresponden a la realidad. Por ejemplo, un amigo en el sueño se presenta como enemigo, aunque en la realidad no lo es. O alguien sueña que un hombre de negocios conocido tiene una oficina muy lujosa y con enorme éxito. Pero en realidad este hombre no tiene ni dinero, ni éxito, ni un potencial que pudiera permitir tal desarrollo. O una persona conocida está en un sueño con atributos que en la realidad es absolutamente imposible que los tenga, tampoco se encuentran detrás de su máscara, aunque uno mire muy claramente.

Esta mezcla de una realidad original y una realidad de cualquier modo no existente no podemos denominarla como un símbolo en su sentido propio. La imagen así tampoco es una experiencia real. Es una "realidad disonante". Esta disonancia quiere señalar algo especial, quizá en el sentido: "Aquí hay algo que no es correcto"; o: "así no es"; o: "esto no corresponde" (no cuadra). La disonancia puede indicar por ejemplo una proyección o una valoración falsa de la persona que está soñando. El elemento que crea la disonancia tiene carácter simbólico, es decir que indica algo diferente.

➢ Un retrato (una imagen real) con elementos aditivos inadecuados es un "retrato disonante", o una "representación disonante".

➢ El elemento que crea la disonancia contiene una función esencial en la interpretación de la imagen real. Es un elemento simbólico general que enfoca un significado especial.

Las imágenes como símbolos

La interpretación de los sueños trata en general todos los elementos como "símbolos", también los arquetipos. Un "símbolo" en la comprensión usual de los hombres es en su mayoría una terminología estática, más como un objeto. En todo caso, representaciones reales no son símbolos en su sentido propio.

El *símbolo onírico* clásico representa por sí mismo un campo de significado, está para algún sentido. Este sentido por lo general no está manifiesto. Evidentemente los símbolos generales hacen parte de la realidad experimentada de la persona que está soñando. Pero esta experiencia está lejos de una vivencia personal. Tales imágenes aparecen como simbólicas en un sueño, y no representan su realidad propia.

Por ejemplo: Cada uno ciertamente ha visto un elefante en un zoo. De este modo el elefante es una experiencia de una realidad. Pero en el sueño el elefante refleja con mucha probabilidad un símbolo. O: El señor J. estuvo hace muchos años en París, conoce por experiencia "la place de la concorde". Ahora está en un sueño en medio de esta "place de la concorde". Si esta plaza no tiene un significado subjetivo por algún hecho de su visita, esta plaza representa en el sueño un símbolo; es decir que "concorde" puede indicar el tema de la "concordia" en su propio sentido.

Un poco simplificado podemos decir: Un jefe representa su función de "jefe", un árbol está para "árbol de vida", un cruce para una decisión de dirección, el tren para un desarrollo continuo, ropas para atributos, el pelo para el cuidado de los sentimientos, una abeja para diligencia etc. En esta descripción corta no está incluida la variabilidad del campo de sentido. Quiero solamente marcar la diferencia entre una representación real de una imagen onírica y un símbolo.

➢ Todo lo que en un sueño no muestra la realidad original, vale como símbolo. Un símbolo está para algo diferente.

➢ Los símbolos como imágenes no representan una realidad subjetiva con un valor personal. Un símbolo está lejos de una experiencia personal respecto a algo subjetivo.

Las características de un símbolo

Un verdadero símbolo remite al ser y crecer del organismo psíquico y al mundo de los sentidos y valores del actuar. Eso no es el nivel del ser externo y material. Es al mismo tiempo el nivel del ser de la transcendencia. Pero este ser de la transcendencia es más amplio que la realidad de la psique.

> Un símbolo es una señal que sirve como indicador para reconocer, clasificar e instruir. Ejemplos son: señal de protección, señal de una función, señal tráfico, señal de producto etc. Hay señales en el álgebra, la logística, la química etc. Hemos reconocido la coordinación, el sentido es identificado.

> Un símbolo es una señal o una imagen de sentido (Sinnbild) que está para algo diferente, quiere indicar una otra realidad, algo que no podemos percibir, algo psíquico o espiritual.

¿Pero cómo podemos reconocer esta otra realidad mencionada? El significado del asunto resulta en primer lugar del símbolo mismo muy directamente. La imagen está cargada de significado. En segundo lugar, el significado de un símbolo depende directamente de una convención colectiva. Su sentido está determinado explícitamente o implícitamente por un convenio. La imagen remite a un sentido.

> Un símbolo concentra en sí mismo un significado, es cargada de sentido.

> Un símbolo es histórico y está relacionado al uso colectivo, lo que determina el significado.

En su mayoría los símbolos generales tienen raramente un solo significado, frecuentemente un *campo de significado*. Este campo se ha desarrollado históricamente por el colectivo. La formación de los símbolos generales depende de la tradición histórica de un pueblo o de un grupo de pueblo. Con la globalización, hoy en día, la formación de símbolos es objeto más y más del colectivo mundial, sobre todo en el campo de los objetos generales (bienes, aparatos etc.).

➢ Un símbolo siempre es lo que representa. Puesto que el sentido está comprimido en la imagen, que cabe en un campo de significado, el símbolo es finalmente lo que puede significar con relación al sueño y a la persona.

El campo de significado cabe en un espectro de sentido. Lo explico con tres ejemplos:

Ejemplo 'gato': Ternura, juguetón, independencia, alta individualidad, incapacidad de relacionarse firmemente con una persona, no domesticable como el perro.

Ejemplo 'iglesia': El poder de la iglesia, el actuar religioso, el extravío de la enseñanza y práctica, el lugar psíquico del "santo", el lugar de encuentro de Dios.

Ejemplo 'serpiente': La naturaleza del instinto, fuerzas de pulsiones destructivas, lo malo, una seducción calculada, transformación y curación, fuerza vital, sabiduría y salvación.

Solo el contexto entero en el sueño nos permite reconocer qué aspecto afecta el significado correcto. Además, la persona que sueña está en un cierto contexto actual de un elemento o de varios elementos del campo de significado. Lo que afecta sensiblemente y lo que se sale del contexto entero, es el significado propuesto.

Hay enseñanzas sobre los símbolos que dicen, un símbolo unifica y separa, encubre y revela, combina lo invisible con lo visible, funciona al mismo tiempo como portador y mediador y contiene en sí mismo las oposiciones. Por eso dicen también que los símbolos finalmente son insondables (misteriosos). Para la interpretación de los sueños estas perspectivas filosóficas y teológicas están demasiado cargadas.

Teoréticamente es posible de alguna manera que nunca podemos interpretar exhaustivamente un símbolo, que nunca podemos coger su significado enteramente y que la interpretación siempre resulte una aproximación al indecible. Esto significa que la profundidad y la amplitud del campo de sentido de un símbolo son casi inagotables. Pero es un poco demasiado exagerado. La variabilidad tiene sus límites, dados por: la cultura (en donde vive la persona), la imagen misma, el contexto del sueño, el horizonte y la dirección del fin (andragógica). Tenemos que trabajar prácticamente. La siguiente regla ha probado su eficacia:

➢ Un símbolo afecta al hombre por su vivencia y no intelectualmente. La vivencia remite al significado.

➢ Podemos terminar la interpretación a una vez el significado está fundamentado desde el campo amplio del significado con la persona y su vida, y además cuando este significado está equilibrado en el contexto del sueño.

En rigor tenemos en los sueños no solo imágenes y símbolos, sino también: acciones simbólicas, palabras simbólicas, pensamientos simbólicos, acontecimientos simbólicos, hechos simbólicos, sentimientos simbólicos, un ambiente emocional simbólico, símbolos desde tiempos inmemoriales y escenarios simbólicos. Además, tienen una importancia los símbolos que solamente sirven como traducción de palabras. Algunos símbolos son extrasensoriales, es decir transcendentales y divinos. Contemplando podemos coger el significado. Se trata aquí de los arquetipos.

El significado, el sentido y el valor

Hemos reconocido: Encontrar "sentido" significa ante todo la coordinación con un elemento del organismo psíquico (deseo, sentimiento, pensamiento, actitud, defensa etc.), con un aspecto de la personalidad respectivamente del carácter entero, del actuar en general, de una realidad dada o de la transcendencia. Esto forma el primer paso para encontrar el sentido y luego sabremos de lo que se trata.

El segundo paso para encontrar un sentido enfoca la calidad: contenido, valor, moral, veracidad, aprovecho, fin, importancia, algo delicado, actualidad. El sentido se relaciona a la calidad de una fuerza o de una acción, tal como están formadas, a veces un ideal de la calidad.

Un gato que muerda una persona en su mano, enfoca un valor. Una serpiente que amenaza o ahoga a una persona en un sueño, indica un peligro. Una ceremonia en una iglesia puede mediar un sentimiento sobre el vacío interior de la práctica religiosa. Un jardín bravío muestra cómo la naturaleza de una persona está poco cuidada. El pelo sucio y descuidado revela un aspecto del carácter o del estilo de vivir. Un suelo ladeado muestra cómo los fundamentos interiores están colocados. Un árbol floreciendo demuestra el florecimiento y crecimiento del hombre entero. Un perro medio muerto en un sótano refleja el placer de vivir suprimido, descuidado y abandonado.

➤ Para determinar el sentido de un símbolo tenemos que considerar la calidad que nos enseña la imagen o podemos identificarlo contemplando.

➤ Identificar la calidad es un trabajo de interpretación que hay que hacer con las imágenes de representación, con todos los tipos de expresiones simbólicas y también con los arquetipos.

➤ El campo de significado de un símbolo no puede determinar la calidad, sino sólo darnos una orientación de forma general sobre la variabilidad de calidades. Esto vale también para arquetipos.

Sabemos que hay imágenes, acciones, acontecimientos, escenarios y hechos complejos que parecen muy absurdos, turbulentos, caóticos, confusos, desplazado, desordenado, ilógico y sin sentido. Desde mi experiencia profesional, y no puedo probarlo teoréticamente, pero reconocido en mucho material onírico, puedo decir sobre esto:

➤ Imágenes absurdas, un desorden confuso o algo muy ilógico refleja la calidad del sentido tocado. Lo que es la realidad mencionada, tiene esta calidad.

Las acciones y los acontecimientos simbólicos

Aquí también tenemos dos tipos de imágenes: las acciones que representan totalmente una realidad y las acciones que actúan en el sueño como un símbolo (o arquetipo). En los sueños hay una multitud de acciones e escenarios activos que podrían valer como imágenes de representación, pero tienen un significado simbólico. También una acción en un sueño vale como símbolo o arquetipo, cuando la acción no representa una realidad efectiva. Quiero mencionar unos ejemplos:

Una acción *con significado simbólico* es:

Ejemplo Ludwig: Estoy limpiando mi retrete. Está muy atascado. Hay excremento, orina y papel sucio.

Ejemplo Gert: Conduzco un coche. El cristal frontal es totalmente turbio así que casi no veo nada. Los frenos funcionan mal.

Ejemplo Pía: Regaño a mi madre gritando fuertemente. Después me voy.

Ejemplo Juan: Voy a una ceremonia. De repente constato que llevo pantalones cortos y zapatillas deportivas, y nada más. No tengo tiempo para volver a casa y ponerme mi traje. Ahora no puedo ir a esta ceremonia.

Una acción *con significado de representación* es:

Ejemplo: Entro en un edifico de oficinas que conozco y me alegro de que me ofrezcan un despacho para alquilar. – Contexto real: Estoy realmente buscando una oficina y me pregunté si vale la pena informarme en este centro de oficinas. Pero no me gusta tanto alquilar una oficina en este edificio.

➢ Interpretamos como un símbolo las acciones simbólicas y los acontecimientos simbólicos.

➢ Comprendemos como una representación real las acciones y los acontecimientos con carácter representativo.

Los aspectos críticos de acciones y acontecimientos simbólicos

Hay muchos escenarios oníricos con acciones e acontecimientos, a veces muy complejos, que son "críticos" por varios aspectos. "Critico" quiere decir aquí: peligroso, inexplicable, bloqueado, insoluble, cohibido, amenazando, haciendo angustia, inquietante, brutal, inhumano, difícil, delicado, conflictivos, embarazoso, molestoso, doloroso etc.

En la vida real hay muchas situaciones y acontecimientos, acciones y hechos que son en este sentido "críticos". Un sueño sólo puede exponer esto con situaciones que hacen experimentar (sentir) lo crítico. Tales situaciones son en parte símbolos clásicos y por parte imágenes representativas. Sobre todo, las imágenes confusas, absurdas e ilógicas indican lo que es crítico. El aspecto crítico nos da una orientación para la calidad dada.

➢ A parte de imágenes representativas y símbolos existen en los sueños también acciones a acontecimientos simbólicos críticos.

➢ El aspecto "crítico" tiene en su mayoría un carácter simbólico, pero a veces puede también valer como una representación (real).

➢ Los aspectos críticos señalan la calidad del significado.

Ejemplo Max; Representación real: Quiero comprar un coche nuevo a plazos. Luego tengo este sueño: Tengo querellas con el propietario del garaje, porque ahora, después de la firma del contrato, no puedo pagar la entrada. – Él comenta: Realmente no tengo suficiente dinero, pero pensaba que podrá arreglarlo con un descubierto de mi cuenta.

Ejemplo Maja; Símbolo: Estoy colgado en un declive muy abrupto, puedo agarrarme a un arbusto. Con mucha precaución consigo ganar terreno y liberarme de esta situación.

Los escenarios simbólicos

Hay lugares en un sueño expuestos con imágenes que evocan muchos sentimientos. Una imagen puede describir los sentimientos mucho más claramente que lo que podemos con palabras. La imagen puede representar un estado de ánimo o su cambio que surge por un hecho real (un acontecimiento real) o por una reflexión sobre sí mismo.

Ejemplo Ludwig: Estoy cerca de un estanque, quizá es una parte de un río. El agua no es muy profunda, pero sucia y oscura. El suelo es un poco pantanoso. Por unos sitios hay plantas en el agua. Me siento depresivo. Es un ambiente de crepúsculo. Tengo que atravesar el agua, pesado y lentamente. Por fin llego al otro lado. Me siento aliviado y alegre. – Este sueño refleja cómo la persona está superando sus sentimientos penosos de un asunto difícil. En este sueño no se trata de la elaboración de este asunto sino de sus sentimientos.

A veces algunos escenarios tienen la función de encuadrar acciones y acontecimientos. Un ejemplo: "Estar de viaje" se puede decorar y exponer muy vivo. Un nuevo paso de un desarrollo importante se crea fácilmente con un bastidor. Todos los conflictos y los despliegues psíquicos siempre se encuentran en un contexto con la vida tan variada. Por esto, los escenarios en los sueños pueden tomar una importancia y función de igual. Los elementos singulares de un escenario sirven a menudo solamente como decoración para crear un ambiente emocional.

> Podemos interpretar los escenarios simbólicos como una totalidad, raramente con sus elementos singulares, aun cuando son muy concretos.

> La imagen del ambiente emocional de un escenario señala su significado, su calidad respectivamente su importancia del sentido.

Las simbolizaciones especiales

Los símbolos no son solamente imágenes singulares, acciones y acontecimientos. Un escenario complejo puede contener un mensaje corto. En la vida real tenemos varias simbolizaciones. Los aforismos y chistes son tales simbolizaciones, pero también las formas de hablar y las leyendas podemos entenderlas de forma simbólica. En la realidad y en los sueños se forman simbolizaciones en diferentes modos.

Tales simbolizaciones especiales son:

Alegoría: Un hecho complejo se expone para su explicación con un hecho diferente y más simple. El sueño en su totalidad es como un cuento.

Ejemplo Kurt: Veo a mis antiguos compañeros universitarios. Celebran una fiesta. Echo un vistazo. Se comportan como niños mal educados, algunos como locos. Hacen mucho ruido y huele mal. Luego me voy y estoy en un camino.

Metáfora: El significado de una imagen está transferido en otra imagen.

Ejemplos: Árbol, camino, viaje.

Parábola: Ilustración instructiva de un valor moral.

Ejemplo Kurt: Veo a un hombre que está trabajando duro y con disciplina. Hay unos espectadores. Sonrien un poco burlonamente. Al hombre no le preocupa lo que ellos piensan de él.

Los arquetipos

Los arquetipos son símbolos muy especiales. En la literatura dicen que los arquetipos son heredados en su forma (estructura) y decorados por la cultura. El arquetipo es una muestra básica *formal*, un tema de motivo. La imagen del sueño es una representación *en cuanto al contenido*. La muestra básica es *innata*; la forma de la exposición es *aprendida*. Surgen de la profundidad del alma. Algunos expertos se pasan de rosca: Detrás de cada hecho de la vida, algo vivo o un objeto, hay una "idea", es decir un arquetipo, una imagen o un conocimiento desde los tiempos inmemoriales, entonces arquetipos no son aprendidos.

La tesis de la herencia no está probada y como explicación es muy engañosa. Es mejor hablar aquí de una constitución formal del organismo psíquico, de cierto modo de la determinación del ser del alma para la individuación. Y luego supongo que una imagen arquetípica en un sueño viene del mundo real. La persona que sueña ha incorporado esta imagen o una imagen similar o un aspecto de una imagen en cualquier lugar y en cualquier tiempo de su vida pasada. Así podemos continuar: El espíritu crea y opera con estas imágenes de forma arquetípica, cuando un proceso arquetípico puede o debe pasar.

Además, resulta difícil cuando imputan al arquetipo un significado incluso el contrario de este significado. Puede ser que uno u otro arquetipo incluye el aspecto positivo y al mismo tiempo el aspecto negativo. Pero parece un poco sin sentido comprender cada arquetipo como bipolar. En general se ven en los sueños que el opuesto de un significado (el negativo al positivo aspecto) se representa por otra imagen. Esto significa: La calidad de un arquetipo está dentro de la imagen misma.

Una característica importante de los arquetipos es que afectan en su mayoría el misterio del ser humano espiritual y transcendental. Son casi siempre imágenes de la mitología, del folklore, de la etnología, de los cuentos, del esoterismo y del simbolismo de la religión. El simbolismo arquetípico tiene una tradición de un milenio. Su núcleo abstracto es formal e independiente de ninguna cultura (por ejemplo: sol, rueda, circulo, formas básicas de los mándalas), en sus imágenes singulares está sujeto cultural e históricamente (por ejemplo: lechuza, serpiente, león, sacerdote, mago, templo, copa del Grial etc.). El significado del contenido es, por último, dado por la vivencia interna.

Las investigaciones de la psicología profunda facilitan el campo de significado más o menos determinado. Esto es posible porque los arquetipos se expresan de forma (estructura) y de creación general. Tienen desde las culturas antiguas alrededor de la tierra el mismo campo de significado. Su sentido indica la vida psico-espiritual. Parte de esto son los desafíos del ser humano y de la vida que se ponen desde siempre a cada uno en el curso de su vida. Es cierto que los arquetipos están lejos de las trivialidades de cada día. Los arquetipos tratan del ser humano psico-espiritual.

En el contexto de la interpretación de los sueños quiero determinar una nueva definición del término "arquetipo" dentro del campo del ser humano y de su existencia como destino:

➢ Los arquetipos son aquellos símbolos que representan las fuerzas básicas de la vida psíquica y del desarrollo del ser humano hacia una totalidad psico-espiritual desde el origen hasta la meta mayor.

➢ Los arquetipos son planos de construcción, muestras básicas, prototipos y con esto también modelos ideales y formales. En ellos se reflejan y se confirman la experiencia colectiva de la humanidad desde el tiempo inmemorable. La imagen onírica actualiza una muestra básica conforme a la época.

➢ Los arquetipos tienen atributos especiales, son: dinámicos, creativos, fuertemente cargados de energía, orientados hacia el desarrollo, estimulantes, transcendentes, intensos, profusamente ilustrados, requiriendo, ordenando y dirigiendo.

➢ Los arquetipos estimulan las mismas emociones, las percepciones idénticas y una misma o semejante vocación. Por lo tanto, valen universalmente.

Ejemplos: madre, padre, héroe, mago, sabio, Mandala, niño, caminante, viaje, tierra de labor, árbol, casa, fuente, mar, tierra, luna, sol, sacerdote, profeta, Dios, transformación, muerte, virgen, bruja, león, torre, lechuza, amor, justicia, serpiente, viejo, destino (vocación), el opuesto sexual del alma etc. A parte de esto hay que nombrar especialmente las figuras en su mayoría muy abstractas: Círculo, cruz, cuadrado, triángulo, pentagrama etc. Y luego mencionamos insignias de todo tipo: Globo imperial, anillo de sello, espada, balanza, corona, guadaña etc.

Los sueños arquetípicos

Quiero presentar algunos sueños arquetípicos propios de forma resumida. Ya que muchas personas me han dicho que nunca han tenido un sueño arquetípico, voy a mencionar un espectro un poco amplio. En mi libro de estudio "Los procesos arquetípicos del alma" describo una gran multitud de sueños arquetípicos.

A veces los sueños arquetípicos son bastante cortos y claros. Pero cuando tienen un proceso de desarrollo importante, los escenarios se desarrollan como un ritual, en su mayoría destacando el entorno del procedimiento ritual para introducir los procesos.

Ejemplo: Desde mi vientre sale un pequeño árbol.

Ejemplo: Estoy en una iglesia. Ceremonia fúnebre. En la parte delantera hay un ataúd. Me veo dentro. Luego salgo por la puerta trasera sonriendo.

Ejemplo: Estoy enfrente de una fuente, en un "punto mayor". En el agua nadan unos peces grandes. Reconozco: Esto es la mejor nutrición para el hombre.

Ejemplo: Estoy en un camino en el campo alto de Egipto. Llevo conmigo siete elefantes blancos, uno después de otro subiendo el valle. Una serpiente 'camina' al lado de mí (como un perro).

Ejemplo: Una figura femenina de forma del sol me atrae, llegando hacia mí, me abraza y me inunda de energía. Luego se unifica esta luz conmigo. Estoy ahora en unión con el sol. Alguien dice: "Esto es la unión (el matrimonio) mística".

Ejemplo: Estoy en el jardín del edén. Es muy hermoso. El paraíso es mío. Está en mí.

Ejemplo: Estoy frente al altar del Grial.

Ejemplo: Recibo un "símbolo de vida triple" con una estructura quíntuple, construido con triángulos como una pirámide. En cada esquina está el "circulo-cruz-mandala" y dentro de cada uno también hay una pirámide.

Ejemplo: Estoy en un viaje de descubrimiento alrededor de la tierra y lo que experimento quiere decir: El amor completo es lo más valioso que hay; y ninguno lo tiene (no he encontrado a nadie que lo tenga). Luego una imagen: Estoy caminando con cuatro perros, son blancos, de pelo largo, graciosos, amables, sanos, positivos y extremamente hermosos.

Ejemplo: La excursión larga ha terminado. Un rey tiene dos pájaros de Faraón, muy colorados, magníficos y hermosos. Dicen que son animales mágicos. Llegamos a la ciudad Jerusalén. Estoy contentísimo de que por fin hayamos llegado con los dos pájaros regios.

Puntos para recordar:

1. Los sueños pueden contener todo tipo de imágenes y símbolos que conocemos del ser humano y de la vida.
2. Muchas imágenes contienen un significado sobre la biografía individual. Son retratos, es decir representaciones directas de la realidad y hay que interpretarlo en su contexto.
3. Hay imágenes reales que contienen un elemento impropio. Estas imágenes disonantes reciben un aspecto de significado relacionado a este elemento especial.
4. Las imágenes oníricas generales tienen un contenido de significado objetivo. El sentido está dado en general, al menos dentro del entorno cultural de la persona.
5. Un símbolo representa algo diferente. Entre el símbolo y el significado consiste una conexión interna. El símbolo tiene que estar en concordancia inmanente con lo que significa.
6. Imagen y símbolo remiten a no sólo lo que quiere decir, sino también a la calidad: Valor, moral, veracidad, aprovecho, fin, actualidad, importancia y algo explosivo. Parte del significado es la calidad de una formación dada de una fuerza psíquica, la calidad de una acción o de una realidad dada.
7. Las acciones y los acontecimientos "críticos" afectan a algo que está en la vida en el mismo sentido "crítico". El elemento crítico tiene en general un carácter simbólico.
8. Los arquetipos son planos de construcción, prototipos y muestras del desarrollo humano (personalización) desde su vida psíquica.
9. Los símbolos con un significado arquetípico contienen un sentido intercultural que tiene una constancia desde el tiempo inmemorial.
10. Los arquetipos son dinámicos, estimulantes, exhortando, ordenando y formando los procesos psíquicos.

5. El campo de sentido de las imágenes y los símbolos

Las interpretaciones antiguas

El alma está apremiada por influencias exteriores hace mucho más que cien años, y miles de veces más que en la antigüedad griegas y romanas. Por lo tanto, las enseñanzas clásicas antiguas casi no sirven más. De este tiempo apenas un veinte por ciento de las imágenes y símbolos son actuales. Las interpretaciones de los símbolos de los tiempos antiguos, ricas de fantasía, provienen más de la superstición y de un entendimiento del mundo esotérico que de una comprensión de símbolos explorada en la psicología profunda. Está claro que en estos tiempos la interpretación psicológica no peude recurrir a un conocimiento psicológico tan amplio como hoy en día. La comprensión antigua de la vida del alma no puede recoger la vida psíquica tal como hoy lo podemos hacer ampliamente.

El contenido de sentido subjetivo

Muchas imágenes oníricas tienen un horizonte subjetivo del campo de experiencia personal. Este campo es a menudo multidimensional (espacio y tiempo del presente y del pasado) y conectado con la experiencia, vivencia, hechos. Está claro: La experiencia especial de una persona nos da el sentido de una imagen que llamamos "representaciones".

En principio todo lo que hay en un sueño y que encontramos alrededor de la tierra puede convertirse en una imagen o un símbolo personal. Pero el campo está limitado por la persona y su vida. Por lo general se trata de representaciones diurnas, por ejemplo: La casa de los abuelos, el coche del padre, el garaje del lado, el cuarto de la niñez, el salón de hoy, el profesor del último año escolar, un vecino, un amigo antiguo, parientes, el jefe de hoy, un colaborador del puesto de trabajo, el médico de familia, todo de la niñez y de la infancia, experiencias con encuentros en el ocio y con el trabajo, el hotel de las últimas vacaciones, etc.

➢ Todo el inventario de la biografía que tiene un significado personal a causa de la experiencia individual contiene un campo de sentido subjetivo.

Los sueños tienen un carácter individual porque muchas imágenes siempre se encuentran en una relación muy personal a la persona soñando. En cuanto se trata de representaciones, el primer significado está en la imagen misma. Muchas imágenes representan en cierto modo la lengua imaginativa de cada persona. Pues cada uno incorpora hechos generales e impersonales siempre con sus ojos, con su vivencia y con sus valoraciones con tono emocional. Justamente en eso se halla el problema principal de cada diccionario onírico: No se puede expresar en un diccionario de símbolos el significado individual de cada elemento relacionado a la persona que sueña y a su contexto de vida (que se determina con asociaciones) y su consciencia actual. Eso en principio no va contra un diccionario de sueños, pero exige reglas exactas e instrucciones de cómo hay que utilizarlo, incluyendo indicaciones sobre lo que podemos lograr con esto.

Las ideas espontáneas (la asociación libre)

En primer lugar, la persona misma tiene que identificar el campo del significado de las imágenes oníricas. Por lo tanto, cada interpretación de sueños empieza con "ideas espontáneas". A una imagen algo se le pasa por las mientes. Esto ocurre de forma directa, natural, sorprendida, a veces sobresaltando. Dentro de unos minutos surgen alrededor de tres y cinco ideas. Las ideas primeramente indican de lo que se trata en esta imagen onírica y en el sueño como un conjunto. Esta interconexión de sentido es siempre personal, también cuando se trata de símbolos generales. Con esto la imagen onírica es relacionada con la persona.

➢ Las ideas espontáneas sirven al principio para construir una conexión con la persona y su vida, también para una identificación del contexto del tema.

Las ideas sirven para comprender la imagen. Forman un puente al tema que afecta a la persona. Así las imágenes oníricas se integran razonablemente en la persona y su vida. Una idea es una imaginación mental, una reacción verbal no dirigida. Esto se llama también "*asociación libre*".

➢ Las ideas espontáneas producen el primer campo de sentidos y construyen una relación entre la imagen y la persona.

Un ambiente de relajación sin ser molestado favorece la estimulación y la actividad del asociar. Las ideas genuinas surgen más fácilmente cuando uno se queda con paciencia, deja actuar y escucha hacia el interior con contemplación. Cuando el pensar y el trato racional de las imágenes oníricas predominan, uno corre rápidamente peligro de proyectar algo en la imagen que del todo no está afectada. Las ideas son genuinas cuando contienen una componente emocional, y cuando producen en cierta forma una vivencia reactivada o una respuesta personal.

El que regularmente no tiene ideas en su inventario onírico, en general tiene ciertamente una defensa fuerte contra su vida interior. Las causas se hallan en parte en el miedo (que podemos revelar), en parte en una debilidad del yo, y por parte en una incapacidad de comprensión de la importancia de la vida de los sueños. Finalmente hay que hacer hincapié en que uno puede exagerar fuertemente y sin fin este proceso del asociar y que puede restringirse en teorías psicoanalíticas o simplemente perderse en fantasías. Una regla que ayuda es:

➢ Cuando la idea espontánea ya no se puede poner en una concordancia con la imagen onírica, está lejos del significado intrínseco.

Los tipos de ideas espontáneas

Hay varios tipos de ideas espontáneas. La clasificación la tomamos de la Neo-Psicoanálisis (Harald Schultz-Hencke). Mencionamos le esencial:

➢ En el centro están las **ideas reales**. Contienen recuerdos, algo vivido realmente, material de la biografía. Estas ideas son personales. Puede ocurrir que una persona tome algo como un hecho antiguo real, pero que en efectivo no era más que una fantasía; o un recuerdo se muestra en un contexto falso; o el sentimiento junto es muy diferente de lo que fue cuando el hecho ocurrió. No valora eso como un problema. Se rectificará ciertamente más tarde. Una vez reconocida la idea real falsa, puede aprovecharse algo de esto.

➢ Luego están las **ideas de interpretación**. Uno menciona espontáneamente un comentario emocional o intelectual, algo aprendido o aceptado instintivamente. Tales ideas son: modismos, chistes y pensamientos generales, también la coordinación con un término superior. Cuando uno reacciona con un elemento onírico a cualquier totalidad o crea una conexión con algo real, hablamos también de una idea de interpretación. Este tipo de ideas contiene un significado general con un tono subjetivo. No es raro que uno exagere con sus ideas de interpretación, se fije a una teoría subjetiva (falsa o unilateral) que instale una línea falsa. A veces es una expresión de defensa. Entonces hay que aprender cómo uno trabaja constructivamente con ideas de interpretación.

➢ Además, están las **ideas sublimes** (también llamados: '*ideas espirituales*'). Se relacionan a temas religiosos y espirituales y a preguntas básicas de la existencia. Los juicios morales también forman parte de este tipo. Construir una relación artística vale como reacción sublime. Las ideas espirituales contienen en su mayoría una relación arquetípica, una relación de visión cultural general, quiero decir más allá de la propia cultura.

➢ Y finalmente están las **ideas catárticas**. Las reacciones típicas son aquí: Un sentimiento que clarifica algo, una vivencia de liberación, la reacción "¡aja!". Aquí vemos muy claramente que un proceso de interpretación dentro de la asociación ya produce un proceso interior y que nunca es solamente un rendimiento intelectual.

Los elementos pequeños en un sueño también tienen importancia. Amplían una imagen, caracterizan un escenario, un acontecimiento. Son elementos de algún lugar conocido por la persona, colores, bienes de todo tipo que crean un bastidor. Crean un tono de sentimientos. En estos elementos también surgen a veces ideas espontáneas. Las ideas están muy cerca de la imagen y son pertinentes para el yo, son integrables porque surgen en su mayoría del consciente. Dicho de otra forma:

➢ Las ideas espontáneas tienen un grado alto de asimilación porque se hallan cerca del consciente.

➢ El trato de las ideas espontáneas es siempre un proceso de aprendizaje y de auto-experiencia.

Las amplificaciones

Cuando ampliamos y profundizamos una imagen arquetípica con una *búsqueda dirigida* en la mitología, el esoterismo, en la religión, en los cuentos etc. hablamos de *amplificación*. Eso corresponde considerablemente a las ideas espirituales, en lo que estas son espontáneas y no dirigidas. Cuando una amplificación está demasiado dirigida o demasiado extensa, uno puede rápidamente salirse del camino. Por eso vale la regla:

➢ ¡No se debe agotar un símbolo arquetípico con asociaciones hasta los últimos rincones de la mitología, o de otra literatura apta para una amplificación!

En general bastan unas orientaciones generales. Se puede tener un poco de confianza en la fuerza espiritual: Los temas de los sueños que una persona pone en conexiones falsas o insuficientes, volverán en una nueva forma. Además, me parece que identificar las interconexiones de símbolos arquetípicos con el conocimiento presente en la literatura espiritual es un rendimiento intelectual muy pretencioso, y que por lo tanto no debemos comprender esto como parte estricta del trabajo de asociación.

➢ Las amplificaciones sirven para ampliar y profundizar la comprensión de procesos arquetípicos. Esta interconexión de significados es un rendimiento intelectual de alto nivel y no forma parte del trabajo de interpretación asociativa.

El campo objetivo de los sentidos de imágenes oníricas

Destacamos las imágenes generales que de uso general se llaman "*símbolos*". Lo característico aquí es que la persona que está soñando no tiene un campo de experiencia personal, es decir ligado a un significado de su biografía. El campo de significado es por eso no subjetivo (falta la vivencia propia), sino que es dado objetivamente, sin duda tiene muchas veces una visión subjetiva y una valoración emocional.

El primer grupo de símbolos de este tipo mencionados es casi intemporal, por ejemplo: agua, montaña, río, paisaje, desierto, especies de animales etc. Un segundo grupo es de época moderna respectivamente de nuestro entorno cultural, por ejemplo: Coche, tren, televisión, teléfono, escalera mecánica etc. Un tercer grupo contiene hechos culturales y geograficos de la región, por ejemplo: cuerno alpino suizo, buñuelo berlinés, esquiar, palmera etc.

➤ Las imágenes generales de los sueños tocan una realidad de sentido general. Muchísimo de lo que conocemos alrededor del globo puede formarse como imagen onírica general, llamado simplemente "símbolo".

La gente en África central, América del Sur, Siberia (etc.) se relaciona con muchas cosas de la vida de una manera diferente comparándolos con los europeos, por ejemplo: Ciertos animales y plantas, comestibles, ropas, rituales religiosos, música, colores, cifras, personajes conocidos, etc. Un camello no significa lo mismo para un hombre que vive en el desierto. Él que vive en una región de terremotos, tiene con sus experiencias (o reportajes sobre terremotos del pasado) un significado personal y muy especial.

➤ También las imágenes generales de los sueños contienen en general un tono subjetivo por las percepciones anteriores y una valoración personal.

➤ Hay imágenes generales de los sueños que solamente tienen un significado general e igual dentro de una región cultural limitada.

La interpretación de los sueños como proceso de aprendizaje

Un horizonte de significado básico se crea por la vivencia de un sueño, en cuanto está en el sueño inmanente. El sueño mismo determina y forma el sentido por el uso de un símbolo, por combinaciones y procedimientos. Hay que dedicarse emocionalmente y con intuición a este proceso de interpretación.

Ciertamente podemos investigar también el significado de imágenes generales a través de la asociación libre. Cada uno tiene una tendencia para reaccionar ante un símbolo general con un aspecto personal. Él que sueña dice lo que le viene espontáneamente con el símbolo. Con un poco de ejercicio le surgen varias ideas.

Si añadimos la experiencia existente sobre los símbolos generales (en el trato profesional e individual), tenemos con esto una ayuda para limitar el campo de significado. Además, el diccionario puede servir de instrumento adecuado. En cierto modo es un trabajo de aprendizaje.

Podemos buscar especialmente en los arquetipos una conexión con mitos, cuentos y leyendas religiosas. Esto se llama "amplificación". Las amplificaciones amplían el campo de significado con prototipos de significado conocidos. Un poco de lectura parece imprescindible.

La meditación (imaginación) permite explotar interiormente el contenido de significado de cada imagen onírica y del procedimiento onírico en conjunto (ver: capitulo 9). Meditar correctamente exige aprendizaje.

No podemos pasar por alto que cada trabajo de interpretación contiene una elaboración. Paso a paso el significado entra en el consciente. Esto ya produce procesos de transformación. Además, presentimos que en el proceso de interpretación se imponen consecuencias. Una percepción concentrada y un rendimiento intelectual son aquí imprescindibles.

➢ La interpretación de los sueños es un proceso de descubrimiento, al mismo tiempo que un proceso de aprendizaje.

Siempre hay que considerar:

➢ La interpretación de un símbolo es la interpretación de la vivencia existencial referida al símbolo.

➢ La interpretación de un símbolo sirve al hombre, no al sueño.

➢ Perderse en el procedimiento de la interpretación es a veces una expresión de defensa.

La concordancia y el margen libre

Con una cierta realidad onírica no se puede coordinar cualquier campo de significado. El espacio libre de una imagen onírica está limitado por su amplitud de sentidos posibles en el contexto de la realidad. El contenido del significado (el valor) de la experiencia sale, en general y directamente, de la vida diurna, y enfoca el campo de significado.

➢ La concordancia de la interpretación con el símbolo es decisiva, pues es la concordancia entre la expresión del símbolo y el significado expresado.

Casi todo en nuestra vida real es de significado múltiple, depende de la visión objetiva y subjetiva, de la valoración y de la capacidad de experimentar valores. No obstante, esta multitud tiene limites. Es lo mismo con una imagen onírica. Un símbolo y lo que simboliza tienen un segmento común proviniendo del campo de significado amplio. Una imagen onírica no puede significar algo diferente de lo que está en este segmento. Yo llamo esto *"concordancia"*. Concordancia quiere decir que una imagen onírica del mundo real significa lo que la imagen o un escenario onírico manifiesta sin desvío complicado y teórico (asociación, amplificación).

> Cada imagen onírica tiene su espacio libre de significado limitado.

> Un significado determinado tiene que estar en una proporción decisiva a la imagen y al sueño como un conjunto, es decir "correspondiente" a este sentido.

> La concordancia demanda un mínimo de similitud, de conformidad y de conexión apropiada.

La vivencia en el sueño y después del soñar

Cada sueño también es una vivencia que después del despertarse puede cambiar. Los sentimientos adjuntos pueden acompañar la persona durante el día. El sentimiento mismo es una vivencia que fluye de un significado. Es fácil comprender que la interpretación hecha tiene que estar en concordancia con este sentimiento. No podemos aceptar una interpretación que lleve la contraria a esta vivencia, a no ser que el sentimiento revele por sí mismo otro sentimiento, por ejemplo: Sonreírse en vez de expresar la emoción embarazosa que se esconde detrás.

> La vivencia emocional en el sueño y el sentimiento sigue obrando después del despertarse da una orientación si la interpretación está en concordancia.

> A menudo vale: Cuando no se puede interpretar y comprender una imagen onírica, pues la vivencia emocional comporta el significado.

Las interpretaciones problemáticas

Quiero, en lo siguiente, concretar con unos ejemplos críticos sacado de algunos diccionarios de sueños lo que significa "*sin concordancia*" o "*inadecuada*" (aparte de excepciones que dependan de la cultura regional):

* Cualquier **apertura**, donde sea, en un objeto o una sala, no tiene nada que ver con la vagina.
* La **alegría** no avisa de un sufrimiento.
* El **animal** (en general) en principio no tiene nada que ver con la potencia masculina y la agresividad, o algo maternal. A cada animal lo relacionamos con ciertos atributos que al menos en parte le convienen. Existe una amplitud de actitudes para los animales.
* Un **árbol** no indica la potencia sexual. Un árbol no es ni un amigo, ni un ayudante. Por su apariencia está para exprimir el desarrollo y el despliegue del hombre.
* Un **bastón** es un objeto alargado y en sí mismo de ningún modo un pene erecto.
* Una **bicicleta** es un medio de transporte con propia fuerza. No se ve una concordancia con un significado sexual. ¿O bien pedalear hasta el orgasmo?" ¡Así no!
* Recibir una **carta** no dice nada sobre el contenido positivo o negativo.
* Una **casa** o un piso con sus salas es el lugar donde vive la gente su vida privada. De interés es lo que y cómo viven ahí dentro en las habitaciones diferentes. Y esto de nuevo indica la vida psíquica y el actuar diurno. Por lo tanto, una casa o un piso no solo nos enseña el inconsciente, sino también toda la vida privada, el ser personal y muy íntimo.
* Una **cesta** es para almacenar ciertas cosas o para transportarlas. No se ve en una cesta el útero.
* Un **coche** es un medio de transporte individual y no un salón de belleza.
* Un **cuerpo** hermoso no indica suerte y riqueza.

- Los **dientes** sirven para romper la comida, lo que está muy lejos de la sexualidad.
- No tener **dinero** es un hecho desagradable, pero no es razonable pensar que después caerá una abundancia de dinero.
- ¿Qué tiene que ver un **enterramiento** con un compromiso matrimonial? Nada. Sea que este compromiso lleva al enterramiento o la persona entierra con su compromiso matrimonial su "vivir solo".
- Comprender una **escalera** como etapas al orgasmo es traerlo por los pelos. Las escaleras sirven para allanar una altura o un obstáculo.
- Un palo de **escoba** remite a la escoba. Y la escoba sirve para limpiar y no representa un pene erecto.
- La **femineidad** (y la masculinidad) representa ciertas características, en principio no es forzosamente genital.
- Una **flor** no indica la naturaleza sexual del hombre porque así simplemente no hay una concordancia. ¿Qué parte de la flor es sexual o instintiva?
- Un **gato** es primero un animal para acariciar, representa la independencia de una relación fija, y libertad, pero no tiene nada que ver con femineidad. Tendría que distinguir entre gato masculino y femenino.
- Ver a **Jesús en la cruz** significa ni con mucho una curación y salvación.
- Un **león** no es un medio de transporte y tampoco representa la potencia sexual.
- Una **mochila** y bolsas de todo tipo no tienen nada en común con la espiritualidad.
- Él que sufre un **naufragio**, no está en una buena situación, ni en el mar, ni en la vida real.
- Volar como un **pájaro** sobre paisajes, puede ser maravilloso y producir un estado sin preocupaciones y de libertad, pero no el valor del volar. Pues al vuelo sigue siempre la caída.
- Una **patata** no contiene ninguna indicación a la sexualidad masculina, como no sea que uno vea el escroto como una patata, pero sería para reírse.

- **Pobreza** lleva mucho peso y nunca avisa de una riqueza.
- Un **profesor** es una persona que enseña algo. Su partenaire son alumnos (estudiantes). Se trata de educación y formación. Por lo tanto, un profesor no significa ni padre ni madre.
- El **queso** es nada más que queso, también en el sentido figurado, y esto no tiene nada que ver con el erotismo.
- La idea que el **queso suizo** promete prosperidad, eso es efectivamente un "queso".
- Un **ratón** es un roedor, vive preferentemente en sótanos y a pesar de su piel no es una señal de pelos púbicos o vagina.
- Ver un **sacerdote** ni con mucho es un presagio malo.
- El **sótano** es subterráneo, no el lugar donde el consciente pasa su día. En el sótano están las provisiones, se esconden los niños para jugar, no raramente para un jugueteo sexual.
- La mala **suerte** no es suerte. No hay nada en la mala suerte que anuncia suerte para el futuro.
- El **tren** es un medio de transporte colectivo. No tiene nada que ver con el poder y la fuerza de una persona.
- Un **turista** significa para algunas vacaciones, viajar, aventura. Otra persona ve una bolsa con dos piernas. ¿Cómo podemos relacionarlo con 'viaje del alma'?
- La **vasija** no tiene nada que ver con una falta de satisfacción, pero mucho con fregar.
- La **vivienda** es un sitio protegido, el territorio personal, pero ni con mucho es el inconsciente.
- Un **zapato** es para los pies y para andar, y no significa una vagina.

Es verdad, hay gente que se queda parada en su desarrollo sexual al nivel de la pubertad. En la vida real reaccionan a "agujero" y "bastón" o "algo largo" siempre directamente con la imaginación de la vagina o del pene erecto. Un fetichista puede fijar la sexualidad a todo tipo de objetos, sobre todo ropas y zapatos. Y aparte de todo esto es ciertamente posible que una imagen signifique algo muy diferente del campo de sentido inmanente que podría ser pertinente. Esto depende de la experiencia individual, del contexto del sueño y del contexto colectivo y cultural, pero nunca por principio o por una teoría de símbolo.

Si alguien consulta regularmente un diccionario de símbolos con interpretaciones supersticiosas y acepta sin más las indicaciones, él corre peligro de experimentar, pensar e interpretar de forma supersticiosa.

El nivel objetivo

El nivel objetivo al principio dice simplemente que con una imagen onírica se representan los hechos correspondientes de la vida real: otras personas, objetos, lugares e instituciones son en realidad lo que enseña el sueño. Pero a veces se trata más de la relación que tiene la persona a las personas, objetos, lugares e instituciones en el sueño. No es siempre fácil distinguir entre representación y símbolo.

La teoría de la interpretación de los sueños nos da dos variantes. Primero: Hay que interpretar la imagen onírica al nivel objetivo, es decir la persona o el objeto en el sueño representa su realidad efectiva. Segundo: Hay que interpretar la imagen onírica al nivel subjetivo, es decir que está relacionada a la persona. La otra persona en el sueño representa algo de la persona que está soñando. La enseñanza sobre esto tiene un desarrollo histórico y aún hoy está en diputa. Quiero referir este problema:

Un ejemplo de sueño con nivel objetivo: En el sueño aparece un amigo conocido de la persona que está soñando. Su cara expresa falsedad y astucia.

Primera variante de interpretación: La cara de este amigo representa la cara verdadera que él está cubriendo con una mascara. El mensaje dice: "El amigo cubre detrás de su máscara falsedad y astucia."

Segunda variante de interpretación: La persona que sueña proyecta más o menos inconscientemente esta falsedad y astucia (una imputación o una sospecha) en su amigo real. El mensaje dice desde la perspectiva del amigo: "No soy lo que tu me supones." La proyección dice que uno transfiere algo propio a otra persona o a un objeto. Hay que pensar que podemos suponer un recelo, algo sospechoso y pensamientos reales sin que fuesen los atributos propios.

La variante 1) es plausible, pero hay que tener indicios en la vida real que conformen la interpretación de la persona. En caso de que no haya una conformación, la interpretación es falsa. Lógicamente la variante 2) es correcta. Pero también aquí la persona tiene que examinarse críticamente sí misma, si tiene estos atributos, o bien si solamente está suponiendo aquellos en su amigo.

Para reconocer qué interpretación es correcta, siempre necesitamos la confirmación por la realidad. Y esta confirmación puede procurar solamente la persona soñando con su auto-reflexión y una visión clara. Entonces no podemos establecer la regla que una persona conocida siempre es lo que el sueño enseña.

➢ Una persona conocida (también objetos, lugares, instituciones) en el sueño puede servir como espejo de una proyección y por lo tanto representar un aspecto problemático de la relación que tiene la persona.

➢ En el aspecto objetivo el hecho real tiene importancia. El aspecto subjetivo se refiere a la relación que tiene la persona con la figura (al objeto, a la institución etc.) conocida.

El nivel subjetivo

> Cuando las figuras desconocidas o conocidos (de forma superficial) en un sueño significan un aspecto de la persona, hablamos de "sombras".

> No podemos interpretar todas las figuras en un sueño como "sombras".

Surgen en un sueño figuras del mismo género, indican en su mayoría tal aspecto propio desconocido. A veces podemos interpretar como "sombras" el hermano o la hermana (o otros parientes). Naturalmente unos aspectos del padre llegan a ser aspectos personales del hijo; y una parte de la madre la encontramos siempre en la hija. "Sombras" son aspectos del propio carácter, son atributos desconocidos de la personalidad y actúan de forma general.

Sueño: Un "desconocido" con una cara que expresa falsedad y astucia. – Casi siempre se trata aquí de una sombra crítica propia.

Muchas veces las sombras son lo contrario de lo que uno vive exteriormente: Detrás de una persona altruista hay un egoísta fuerte. Un hombre que se aparece extremamente amable, esconde su otra parte sádica. Uno que se comporta con sinceridad acentuada, casi siempre detrás es también muy insincero. El perfeccionista tiene en su mayoría una vida emocional muy caótica, etc. Las "sombras" pueden representar prototipos de pensamientos, reacciones emocionales típicas, actitudes dominantes, rasgos característicos o modelos de comportamiento. No obstante, hay "sombras positivas", por ejemplo, los aspectos que expresan una capacidad de ayudar, de comprender y de cuidar. Desgraciadamente es usual no ver que las sombras no sólo son negativas.

- ➤ A veces las sombras expresan aspectos positivos de una persona.

- ➤ La interpretación al nivel subjetivo dice que la característica de una imagen onírica sobre una persona (más o menos) desconocida refleja un aspecto importante de la persona.

En general la distinción aguda entre nivel objetivo y subjetivo resulta problemática. Hay que considerar en ambos niveles diversas variantes. El contexto del sueño y un análisis del hecho ayudan en la realidad. A veces ambas variantes son correctas. El Reframing puede procurar claridad. Del contexto real resulta claro lo que la imagen quiere decir. Ponderando críticamente se puede operar con diversas realidades, reflexionando en contrastes.

- ➤ "Reframing" quiere decir: Poner la imagen onírica en la realidad y de esta forma dar un nuevo marco. La interpretación objetiva y/o subjetiva tiene que estar conforme con los hechos del nuevo marco.

Anima y Animus

Casi todos los libros (alemanes) sobre sueños refieren estos términos técnicos. Pero resulta difícil fijar el significado exacto, sobre todo en el contexto del trabajo de la interpretación. Las raíces se hallan ya al creador de esta cuestión, Carl Gustav Jung.

- ➤ Anima y Animus son arquetipos de la fuerza del otro género del alma.

- ➤ **"Anima"** refleja la femineidad, en cierto modo el polo psíquico del varón.

En la literatura refieren figuras de todas las variaciones: chica, madre, madre primitiva, la mujer hermosa, la mujer cariñosa y sensible, la mujer virgen, pero también la mujer caprichosa y obstinada, por supuesto la bruja, la prostituta, la mujer irracional y dominante, a menudo la niña pequeña inocente. Es falso cuando hablan en estos libros también de la "mujer sabia" y de la "mujer divina". La sabiduría y lo divino no son convenientes con el arquetipo del ser mujer. También no es correcto cuando equiparan la anima con el inconsciente. La concordancia es: maternidad y femineidad con todas sus expresiones positivas y negativas posibles.

➢ **"Animus"** es el polo psíquico del género masculino en el organismo psíquico de la mujer.

Aquí encontramos figuras como: el dictador, el hombre racional y dominante, el macho, el hombre súper-intelectual, el hombre de acción, el hombre instintivo, pero también el hombre sensible, el hombre dinámico, el hombre intelectual, a veces también el niño poco hábil etc. Mencionan en la literatura (alemana) al héroe y el sabio. Esto es falso. Pues falta la concordancia inmanente. El sabio es la representación del espíritu. El héroe refleja el actor del viaje de la aventura del alma. Y este viaje puede hacerlo, como es sabido, una mujer que también puede ser una sabia. Conveniente es: paternidad y masculinidad con todas sus expresiones positivas y negativas posibles.

¿Pero que es lo que vale con esta variedad inmensa? ¿Es ahora cada figura femenina desconocida en el sueño de un varón una anima y cada figura masculina en el sueño de una mujer un animus? Ciertamente no.

➢ Una figura masculina (femenina) en un sueño representa el animus (la anima) cuando se trata de una imagen especialmente clásica, irreal o ideal, cuando el aspecto masculino (femenino) se presenta con valor significante positivo o negativo. Al mismo tiempo se ve una tendencia de expresión arquetípica.

Cuando se trata de figuras que son representaciones de la vida real, pues se trata de actitudes, expectativas, deseos, recelos, imágenes humanas reales o comprimidas de la vida.

Ejemplo: Cuando una mujer que está en una crisis de matrimonio difícil tiene fantasías de un hombre amable y libre de conflictos, pues es ciertamente posible que en un sueño surge tal figura deseada. No tiene que ser obligatoriamente un aspecto de su animus. Posiblemente se trata simplemente de que este sueño valore sus fantasías secretas como "fuera", es decir que las demuestra críticamente.

Cuando estudiamos la relación entre aspectos de la personalidad ("sombras") y anima o animus, la experiencia profesional enseña desde la psicología profunda: Un hombre que tiene aspectos rígidos, dominantes, fuertemente racional y rígidos, tiene una anima deformada. Consiste por un lado en una bruja y por otro lado en una niña que no puede crecer para ser una mujer. Se añade por sí misma una imagen ideal que nunca puede realizarse. Es similar a una mujer: Cuando una sombra de la mujer se expresa demasiado romántica, caprichosa e infantil, ella tiene un animus dominador y al mismo tiempo un aspecto de un niño inmaduro o simplemente amable de forma cándida.

➢ Las partes en el alma del polo del sexo contrario son complementarias a las sombras.

Por lo demás: Cada ser enamorado empieza con un enfrentamiento de las partes positivas (conciliadores) a este polo interior del otro sexo, pues efectúan energéticamente que se atraen. Al mismo tiempo ambos destacan visiblemente sus sombras positivas. Como todos sabemos después de un cierto tiempo surgen automáticamente las sombras negativas.

> El alma tiene en su desarrollo una tendencia a que el polo interior del otro sexo llega a ser una imagen realista y equilibrada del femenino (del masculino) para vivirla.

> Una mujer que forma su ser de mujer entera y equilibrada, influye al mismo tiempo automáticamente en su polo interior del otro sexo. Ambos procesos se efectúan mutuamente: Reflexión y actitudes sobre las imágenes del hombre y formar la identidad femenina.

> Un hombre que forma su ser masculino entero y equilibrado, influye al mismo tiempo automáticamente en su polo interior del otro sexo. Ambos procesos efectúan mutuamente: Reflexión y actitudes sobre las imágenes de la mujer y formar la identidad masculina.

Esto es la sola forma de que un hombre pueda formar con equilibrio su identidad masculina y la mujer su identidad femenina. Dicho de otra forma: La anima y el animus pueden transformarse solamente cuando al mismo tiempo se transforman las sombras críticas.

El "sí mismo" ("self")

Hay tantas aplicaciones de este concepto ("términos técnicos") que parece mejor utilizar otras palabras. Quiero dar unos ejemplos de combinaciones de palabra, utilizando la palabra inglés "self": súper-self, inferior-self, mayor-self, social-self, verdadero-self, ideal-self, imagen del self, pseudo-self, espiritual-self, materialista-self, etc.

El "sí mismo" (el "self") – Unas definiciones estándar, sacadas de la literatura:

❑ La vida individual psíquica, consciente e inconsciente.
❑ Lo que el yo identifica como lo 'mío'.
❑ Una instancia en la psique superior al yo.

- ❑ El punto medio de la psique.
- ❑ La imagen ideal de la persona.
- ❑ La imagen real de la persona.
- ❑ El volumen individual que incluye todo.

Con el espíritu desde el organismo psíquico hasta la individuación

Llamo "espíritu" al "self" como instancia superior y como punto medio del alma. El "self" como imagen personal ideal y real parece determinado demasiado al azar y de perspectiva subjetiva. Aquí el "self" tiene un significado reflexivo. Lo que una persona experimenta como lo "suyo" no es un arquetipo del "self". El volumen individual incluye el cuerpo y los bienes de la persona. Por lo tanto, esta determinación de la palabra "self" tampoco vale como arquetipo. Queda el organismo psíquico con sus partes conscientes e inconscientes. Esto podríamos declarar como el "real-self". La individuación llega a su punto final con el estado supremo, es decir el "ideal-self". Es el estado del organismo psíquico formado óptimamente. Todos sus elementos están en una concordancia equilibrada. Este proceso (individuación) es dirigido por la fuerza del espíritu. El espíritu mismo es el centro. Y este centro es polar, es decir el espíritu está en una relación con el yo consciente de forma dinámica, comunicativa y cooperativa. El estado final es entonces la totalidad equilibrada por todos partes. ¿Por qué tiene que denominar este estado como "mayor-self"? Él que ha alcanzado la meta, no lo experimenta como "mayor", sino simplemente como un nuevo ser interior. Y él que tiene esta meta aún muy lejos, lo experimenta simplemente a lo lejos, como un potencial (meta) latente.

Aquí no puedo explanarme con el organismo psíquico, el proceso de la individuación y su meta final. Esto superaría los límites del tema de este libro. Por eso quiero remitir a mis libros de trabajo y de estudio (ver lista de publicaciones). Si yo intento a definir el "self" desde este contexto referido arriba, resulta lo siguiente:

- ➢ El "self" como instancia superior del alma es el *espíritu*.

- ➢ En cuanto se habla del "real- e ideal-self" consciente e inconsciente, hablo del *organismo psíquico*.

- ➢ Como arquetipo el "self" representa la *totalidad* del ser humano en la etapa de la meta mayor del proceso de la individuación. El circulo-cruz-Mandala es el símbolo clásico formal de este estado. Es el *"hombre individuado"*, o simplemente: *"el (la) Individuado/-a"*.

Una vez realizado esta totalidad no sólo interiormente, sino también enteramente realizada en la vida diurna, se representa de forma arquetípica en un sueño por ejemplo así (como confirmación o destino):

Ejemplo, sueño propio: Veo un cuadrado. En este cuadrado hay otro cuadrado. Entre estos dos cuadrados hay en cada rincón un círculo. También en el cuadro interior hay en el centro un círculo.

Las polarizaciones de significados y sus coordinaciones

- ➢ La interpretación de los sueños siempre está entre el alma y el cuerpo, entre el mundo exterior e interior, entre la materia y el espíritu, entre hechos y sentidos (valores).

Él que se decide en tal dicotomía hacia uno, pierde el otro y después ambos. No hay una "iluminación superior" sin elaboración biográfica. No hay un "hombre de Dios" sin individuación. No hay una espiritualidad fructuosa sin dedicación positiva al mundo. No sirve ni para la tierra, ni al hombre, ni a Dios, ni al espíritu, cuando los hombres comprenden la tierra como un "valle de lágrimas" del que uno tiene que salir para siempre a través de la salvación de la rueda de la reencarnación. Lo malo fatal de la historia del ser humano arraiga en tales separaciones. Esto tiene unas consecuencias en el trato interpretativo y verbal con las imágenes oníricas.

Desde todos los puntos de vista de la práctica de la interpretación de los sueños y de la elaboración después la lengua juega un papel práctico e imprescindible importante. De importancia especial es que el hombre tiene una tendencia a pensar y a interpretar en polaridades. Para crear más flexibilidad y creatividad quiero exponer unas consideraciones:

Parece que resulta más fácil polarizar el mundo en: blanco-negro, bueno-malo y correcto-falso. Pero en la vida real a veces uno está dentro de decisiones donde un 50% de los argumentos hablan en pro y 50 % en contra. Los porcentajes pueden variar un poco, dependiendo de una valoración emocional o de un desplazamiento de acentos. No siempre una decisión objetiva es solamente correcta o solamente falsa. Ambas decisiones pueden ser correctas; simplemente hay que decidirse por una variante. Pues, así es la vida: nunca en todos los asuntos blanco o negro. Muy raramente un hombre es sólo malo o tiene sólo aspectos malos. También un comportamiento amoral puede ser valorado en ciertas circunstancias como "necesario" o "aceptable". También la polarización del pensar y del sentir contiene un problema peligroso. ¿Dónde en nuestra vida podemos pensar sin sentir? ¿Dónde y cómo sentimos sin tener al mismo tiempo pensamientos? Este encadenarse (de fuerzas opositoras) es tan múltiple como las calidades de los pensamientos y las calidades de los sentimientos. Otro ejemplo: Una fase de regresión en la vida la experimentamos y juzgamos en general como negativo. ¿Pero no es así que a veces una fase de regresión sea necesaria, sea porque la persona avanzaba demasiado rápido, sea para fortalecerse con objetivo de avanzar después?

➢ La vida real no es, o raramente es estructurada por polaridades.

➢ Una polaridad en la percepción y en el pensar sirve más para crear un orden o una orientación, para después valorar mejor la multitud y para actuar después de forma más adecuada y con más razón.

Las polaridades en la interpretación de los sueños

Igual que la polarización muy raramente corresponde a la vida real, un contenido de sentido de una imagen onírica es en su mayoría preponderante variada y múltiple. Aún donde hay polaridades, los polos pueden ser variables. Esto tiene consecuencias para la interpretación de los sueños.

➢ En la interpretación de los sueños y sobre todo en la formulación de consecuencias hay que considerar: El hombre vive entre su humanidad real y sus ideales.

Por un lado, el hombre es deficiente, desamparado, rígido, vacío, alienado de sí mismo, sin libertad interior y está bajo la tutela de muchas influencias. Por otro lado, se siente impulsado al descubrimiento de sí mismo y a la autorrealización, al despliegue y a la autodeterminación. La pulsión para la progresión tiene muchos aspectos: superar la vida en vez de huir de sí mismo y de la vida, mirar en vez de suprimir, llegar a estar vivo interiormente en vez de quedarse 'seco' (inmóvil, casi muerto), hacer compromisos entre los deseos y lo que es practicable en vez de vivir según el principio "todo o nada". La interpretación de los sueños tiene que considerar esta complejidad, sobre todo cuando está enfocando la calidad de un significado (ver: capitulo 4).

El vocabulario psicológico y verbal en general en ambas partes de cualquier polaridad (por ejemplo, autorrealización frente a huir de sí mismo) y en todos los grados entre los polos es enorme. Además, cada uno tiene sus asociaciones concretas y sus formas de descripción dependientes de su propia biografía. Encontramos en sueños a menudo acentos claros, mensajes inequívocos: "¡Así es!" A veces está en cuestión: "¿Qué enlace tiene?"

➢ La interpretación de los sueños, del ser humano y de la vida tiene que considerar la multitud del contexto verbal y real. Cada polarización está dentro de una multitud de variaciones, de peso, de valoraciones y de matices.

➢ Podemos a veces dejar pasar una u otra interpretación, sin que tengamos que valorar una o otra como "falsa" o "correcta". El punto de vista simplemente es diverso, la importancia individual y el contexto teorético de otro modo.

¿Pero cuándo una interpretación es efectivamente correcta o falsa? Al fin y al cabo, eso solamente puede decidirlo la persona. Es ciertamente benéfico cuando uno se percata durante un período largo sobre sus imágenes oníricas. La misma imagen onírica no puede significar en veinte sueños cada vez algo diferente. El contexto diverso de cada sueño sondea el significado. Y por fin para descargar de obligaciones, de escrupulosidad y de precisión quiero decir:

➢ Está permitido interpretar una imagen onírica o un sueño completo una vez falso o incierto, a veces dejarlo sin interpretar, cuando uno no puede manejarlo. Habrá otros sueños que representarán el mismo tema de otra forma.

Puntos para recordar:

1. Cuando las imágenes oníricas tienen una relación de vivencia personal, de la biografía, hay que enfocar el campo de significado ahí.

2. Una asociación para una imagen onírica es la idea que se le ocurre a la persona espontáneamente. Hay varios tipos de ideas espontaneas; unas se relacionan directamente a la vida de la persona; otras contienen ya una interpretación.

3. Los símbolos tienen un campo de significado general. Aquí también la persona que está soñando tiene ideas que suponen un acento subjetivo.

4. La concordancia interna entre el símbolo y la interpretación es imprescindible para que la interpretación encaja efectivamente. Una imagen no puede significar algo enteramente diferente de lo que está inmanente a la imagen, sea que el contexto en el sueño lo permita.

5. La vivencia en el sueño y la vivencia duradera en el día da una orientación, si la interpretación es conveniente.

6. La interpretación al nivel objetivo quiere decir en primer lugar que el hecho real de la imagen onírica es objetivo al significado; y luego en segundo lugar enfoca la relación de la persona con el hecho en el sueño.

7. La interpretación al nivel subjetivo quiere decir que el hecho en el sueño enfoca los atributos de la persona y los aspectos del carácter de la persona que sueña.

8. En la interpretación de los sueños hay que considerar también que la forma de expresión verbal es equilibrada. Polarizaciones fuertes y rígidas no (muy raramente) corresponden a la vida humana.

6. La arquitectura de los sueños

La macro-estructura de los sueños

Hay, como es sabido, sueños de todo tamaño. Ya solo una pequeña imagen o una palabra puede ser una construcción onírica. Es simplemente un *"sueño muy pequeño"*. Luego hay sueños con escenarios pequeños, con una acción pequeña o con un solo acontecimiento. Estos sueños se llaman *"pequeños sueños"*. Pero los sueños pueden ser bastante largos, a menudo construidos con varias secuencias. Estos son los *"grandes sueños"*. Pero hay que considerar que un sueño con poco contenido puede ser desde el punto de vista del significado un sueño grande. La imagen onírica es un arquetipo. A veces no está claro desde el recuerdo, si era un sueño largo o un sueño con varias secuencias seguidas. *Secuencias de sueños* dan la impresión que de cualquier forma representan un conjunto. Él que lleva un diario y la hojea cada seis meses, reconocerá que algunos sueños tienen una continuación. Tales sueños parecen como un enlace que coge un tema en su desarrollo. Se llaman *"series de sueños"*. En todos estos tipos de estructura hablo de "arquitectura".

La construcción de una arquitectura es en su totalidad creativa de un sueño una "forma de creación". La figura central en este enlace es el "yo onírico" pasivo o activo. A veces el yo onírico no está dentro del evento onírico. La estructura entera es en su tema parcialmente independiente del tiempo, parcialmente relacionada al pasado, o al presente, o al futuro. Luego la dinámica energética es otro elemento de la estructura. Y finalmente en algunos sueños hay un fenómeno extrasensorial: Se representan hechos que la persona que está soñando no puede saber de ningún modo.

➢ Forma parte de la macro estructura: La arquitectura, la posición del yo onírico, la dimensión temporal, la dinámica energética y fenómenos extrasensoriales.

Las estructuras arquitectónicas de los sueños

➢ "Arquitectura" significa la construcción total de una creación pequeña o grande de los sueños. La perspectiva temporal en el sueño y el yo onírico son elementos decisivos de la construcción. Las imágenes oníricas están siempre en una relación dinámica al yo onírico, a veces apenas a comprensible.

Quiero en lo que sigue exponer las variantes principales de tales construcciones oníricas. Distingo cinco construcciones arquitectónicas:

La construcción mínima: Los sueños muy pequeños

a) Una imagen, una persona o un objeto.

Ejemplo Hans: Veo a mi padre.

Ejemplo Eva: Hay un ramo de flores sobe mi mesa de trabajo.

Ejemplo Rolf: Recibo una carta.

Ejemplo Reto: La cifra 4.

b) Una acción simple en un contexto simple.

Ejemplo Erika: Entro en una casa donde me esperan para una ceremonia.

Ejemplo Max: En la estación del tren estoy esperando mi tren. Perdí el último tren.

Ejemplo Judith: En la playa estoy coqueteando con un hombre amable desconocido.

Ejemplo Beat: Estoy en una tienda de pornografía y mi madre me observa.

c) Un acontecimiento en un entorno simple.

Ejemplo Pepe: El teléfono suena mientras que estoy en el baño lo que me enfada. Llama sin parar hasta que me despierto.

Ejemplo Claudine: Mis compañeros/as de la escuela profesional de entonces me visitan en mí puesto de trabajo. Esto me molesta un poco.

Ejemplo Marie: Mi amiga ha comprado un coche nuevo rojo. Estoy muy envidiosa.

La construcción simple: El sueño pequeño

a) La incidencia del sueño es corta, poco complicada y con un entorno claro.

Ejemplo Ralf: En un restaurante. Estoy sentado en una mesa con un abogado que conozco del golf. Su mujer y sus niños están sentados también aquí. Estoy solo. Nadie sirve. No hay personal.

Ejemplo Julia: Es de noche. Estoy en camino con mi coche, pasando un accidente. El escenario es tenebroso y horrible. Hay un muerto. Transportan unos heridos en una ambulancia. Nadie habla y no se oye nada. La policía está controlando a la gente.

b) Varios elementos (personas, acontecimientos, acciones, contexto) forman una sucesión de situaciones.

Ejemplo Nadine: Nadine ha solicitado un puesto; antes de recibir la respuesta, sueña: Una visita; la persona quiere ver mi tarjeta. Se las dejé en casa porque son las nuevas. Alguien quiere recogerlas, parece importante. El jefe aparece y tiene una botella de Champán.

Ejemplo Adrian: Adrian quiere mudarse de casa a otra ciudad, va allí, encuentra la casa que le gusta. Luego sueña: Estoy en esta casa en la primera planta. De pronto, abajo la casa se está quemando por todos los sitios. Llamo ¡Socorro! El cuerpo de bomberos. Llamo a mi mujer. Ella no entiende el problema que tengo. Y no puedo bajar.

La construcción de una larga historia: Los sueños grandes

Visto desde el punto cualitativo el sueño es tan largo que uno puede escribir media o una página entera. Una historia larga contiene en su mayoría varias personas, varias acciones, un incidente grande (o varios) y un escenario que cambia. La historia tiene un inicio y un final. Consiste en un procedimiento complejo o en un escenario con varios acontecimientos. Llega al final en cualquier nueva situación. Tales sueños tratan de temas de vida importantes que son casi siempre arquetípicos.

Ejemplo, sueño propio: Estoy en el Vaticano, en las salas del Papa, pero es una papisa. ¡Algo muy nuevo! Estoy enteramente perplejo cómo puede ser eso. Ella hace una siesta, relajándose. Está acostada en una cama con una vestimenta de una abadesa mientras que yo estoy sentado a su lado con un traje de trabajo. Quiero contarle un sueño mío que tuve la noche pasada. Empiezo preguntándole como ella ve su autoimagen y su poder. Mientras le pregunta a ella tengo mi mano izquierda en su cabeza y de pronto me doy cuenta de que tengo puesto unos hermosos guantes, marrón claro, muy cómodos y nobles. Me los quito. Después siento la cabeza de la papisa muy fría, dura, delgada y el pelo como alambre. Pongo mi cabeza al lado de su brazo y veo que ella está muy delgada, solo piel y huesos, y que no tiene senos. Pregunto otra vez: "¿Cómo ve Usted su auto-identidad y su poder?" El escenario cambia y ahora vamos a una sala abandonada, en donde, así lo pienso, nunca ha habido nadie. Hay una silla regia. Me parece que ella quiere sentarse ahí, pero se queda parada enfrente de la silla. La antecámara es al lado de la sala grande de la catedral, donde ahora están sentados los cardenales, rezando. Otra vez pregunto, pero muy bajo por no molestar a los cardenales, y, porque ella no me responde, empiezo a contarle a ella mi sueño: "Entonces, estaba en una sala (y veo que es la misma sala donde estamos ahora). Luego entró Dios, parecido a una bola cósmica energética, un sol espiritual, una energía inmensa. (Mientras cuento, esta luz – el sol – entra en la sala.) Y Dios me dijo: ... (Ahora continúa hablando este sol): "Tú eres verdaderamente un rey del universo." Pienso: La papisa ahora ciertamente está muy asustada. Y veo, que no está más en la sala, ha desaparecido por la puerta de detrás. Finalmente estoy solo en esta sala.

La construcción en secuencias (secuencias de sueños)

El sueño consiste en varias partes que se distinguen claramente. A menudo se siguen en una distancia de dos o tres fases de REM.

a) Situación inicial con lugar, personas, acción.

Ejemplo Elsa – 1ª secuencia: Estoy sentado sola en una casa desordenada y no conocida por mí. Pienso que hay que ordenar, pero yo no quiero hacerlo.

b) Confusión, aumento del aspecto conflictivo.

Ejemplo Elsa – 2ª secuencia: Me encuentro en la orilla de un lago. Un barco está pasando. Yo no puedo irme porque tengo que cuidar la casa. Luego viene la propietaria y tenemos una querella a causa de mis visitas de ayer por la tarde.

c) Apertura hacia un cambio y una solución.

Ejemplo Elsa – 3ª secuencia: Estoy en camino con gente que no conozco. El camino es escarpado. Llevamos mochilas grandes. La meta está lejos.

La construcción de series (series de sueños)

Las series de sueños contienen los mismos temas básicos, vienen a veces en periodos de algunas semanas. Las figuras principales o las acciones centrales aparecen en variantes iguales o similares, muchas veces con escenarios diferentes. Con el cambio de los hechos se puede reconocer la elaboración continua, una transformación y un desarrollo de la relación entre el yo onírico y las imágenes claves. La primera imagen clave a veces se enriquece en los siguientes sueños, mientras el contexto del tema principal se amplia.

a) El tema para elaborar.

Ejemplo Erwin; Primer sueño, primera secuencia: Tengo que efectuar un encargo, pero ni sé qué, ni sé dónde, ni sé cómo. Segunda secuencia: De pronto suena el timbre. Es muy tarde de noche. Mis padres, hermanos y parientes están en la puerta. Tengo miedo y me enfado porque me han despertado. Tercera secuencia: Alguien quiere enviarme al colegio porque no tengo puestos los zapatos correctos.

b) Elaboración en etapas.

Ejemplo Erwin; Un mes más tarde sueña: Mi madre me ordena que no puedo casarme con esta mujer. Discutimos muy fuerte y ella está llorando. Yo la abrazo. Ahora estamos en una armonía feliz. El padre piensa que soy un fracasado. Un tío dice que podría trabajar en su oficina. Pero él me paga muy mal.

c) Diferenciación y ampliación.

Ejemplo Erwin; Algunos meses más tarde: Estoy en la zona de la ciudad donde vivía cuando era niño. Hay mucha niebla. Por fin encuentro nuestra casa. Pero efectivamente no quiero ir ahí, al contrario, quiero marcharme de aquí. Un policía me crítica porque conducía demasiado rápido. Luego, de una esquina viene el cura del pueblo. No quiero saludarle, pero él me ve lo que me resulta muy embarazoso. De pronto mi coche desapareció. Ahora estoy solo. En el suelo hay un libro con un título que no puedo leer, parece a una escritura secreta.

d) Etapas de transformación y pasos de crecimiento.

Ejemplo Erwin; Un año más tarde: Bajo de un tren. Estación principal. Estoy en una nueva ciudad. Conmigo están dos amigos, dicen que el enterramiento ha sido una fiesta con buen resultado. No entiendo. Juntos hacemos un buen equipo, discutimos sobre a donde queremos irnos. El teléfono móvil llama. Es mi madre. No entiendo nada. Luego la línea está muerta y estoy solo en algún lugar en el medio de una ciudad desconocida.

La arquitectura como medio de expresión verbal

Un sueño corto y simple por lo general tiene un significado también corto y simple. Cuando sólo hay fragmentos, entonces hay que buscar con estos elementos una entrada, el hilo de un tema. Muy raramente se trata aquí de un cumplimiento de un proceso de crecimiento, pero a menudo de un paso preparatorio. Es raro que los fragmentos revelen un problema muy complejo. No obstante, una sola imagen onírica puede ser muy explosiva, es decir que tiene una importancia de alto nivel. El tema (sentido) en esta imagen contiene por su energía y/o por su significado arquetípico en sí mismo una profundidad enorme. Hay sueños cortos y simples que reflejan una problemática de vida entera en su núcleo.

Un proceso de transformación interior contiene en su realidad como en el sueño varios aspectos y un procedimiento hacia una meta. Aquí la arquitectura es más compleja. Cuando un sueño afecta al hombre entero en su ser y llegar a ser, el sueño tiene un enlace múltiple con las diversas fuerzas psíquicas, con su comportamiento y con el mundo real. Eso puede producir una historia larga, o un sueño con diversas secuencias, a veces distribuidas en varias fases de REM. Ya desde la arquitectura sacamos primeras consecuencias prácticas:

➢ Un sueño simple exige menos trabajo de interpretación. El objetivo es en su mayoría claro y al alcance de la mano para enfocarlo directamente.

➢ Un sueño corto puede tener una importancia grande por el significado de la imagen clave, lo que podemos reconocer por su energía y/o su contenido arquetípico.

➢ Cuanto más complejo es un sueño, tanto más costoso resulta el trabajo de interpretación. Hay que desmontar las partes de la arquitectura cuidadosamente y al final recomponerlas en su nivel de sentido.

➢ Las series de sueños necesitan una elaboración profunda dentro de una visión general en varios meses. Él que lleva un diario de sueños, puede constatar en periodos largos el desarrollo de sus temas singulares.

La lógica de la arquitectura

Espacio y tiempo, también procedimientos y combinaciones de imágenes, son en el sueño diferente que, en el mundo real, en cuanto irracional e ilógico. Además, la lógica de las imágenes oníricas y de las acciones oníricas también es de otra forma que la lógica del pensar, del actuar y de las relaciones dentro del mundo de los objetos.

Nuestro pensar es lineal y polar. En la vida consciente pensamos según reglas racionales, sobre todo recto, de un punto al otro. La vida onírica es más flexible en esto, mucho más extenso y más múltiple. Las historias oníricas a menudo no tienen una línea clara. Los elementos de un sueño parecen estar enlazados al azar, dirigidos a varios puntos al mismo tiempo. El lenguaje de los sueños es la lengua del significado. Un significado es raramente polar, lineal y lógico como en el mundo real. Pues un sentido fija ciertos atributos de calidades.

Ejemplo Elsa: Tenemos (en el sueño) una piscina en el jardín. Un pez muy grande sin cabeza está nadando en el fondo. Llamo a mi marido y le digo que lo saque de aquí, y que después limpie la piscina. En cuanto él coge el pez de la piscina, se transforma en este pez.

Comentario: Si el pez significa "la vida psico-espiritual" (o conocimiento psico-espiritual), este sentido no tiene "cabeza", es decir falta de ego-control y de consciente. La imagen expresa una calidad. No obstante, el pez está vivo (nadando) de cualquier modo en esta piscina. La falta de cabeza y la transformación del marido en este pez parecen no darnos un sentido lógico. El escenario no tiene un procedimiento lineal. Solamente en el nivel del sentido recibimos una información "razonable" (con contenido de sentido).

➤ La realidad onírica contiene con todos los sentidos una vivencia y una emoción imaginativa para mediar un sentido.

➤ La lógica del alma es otra lógica, es espiritual, orientada hacia el espíritu, creada y construida por el espíritu. Es la lógica de las calidades.

En un sueño podemos pensar, hablar y actuar de tal modo como no lo podemos en la vida real. La relación del yo a su propio actuar es diferente en un sueño que la relación del ego-control al actuar consciente en la vida real. En un sueño hacemos cosas que en la vida real nunca haríamos. En un sueño podemos ver gente, objetos y acontecimientos de tal modo como no los vemos en la realidad. En un sueño podemos actuar en constelaciones que en la vida real nunca podría pasarnos.

¿Por qué esta arquitectura viva está así en los sueños? ¿Qué ventaja tiene esta construcción? ¿Qué significa esto para la interpretación de los sueños? Miramos la diferencia con la conciencia diurna: En el estado consciente el hombre está enfrentado a las realidades, tiene que superar la realidad. Cada uno quiere vivir y sobrevivir. La vida exige moverse con el pensar y el actuar dentro de las constelaciones dadas. La realidad externa y el ser humano externo ponen sencillamente las condiciones para el actuar y el vivir. La lógica de los objetos y del comportamiento (exterior) pone las reglas. En la vida real hay límites reales, a menudo obligaciones. Son atributos de las fuerzas que construyen nuestra vida exteriormente. No obstante, en la vida hay momentos de una vivencia simple, a veces solamente una visión corta, una incidencia sencilla. Pero la vida exterior consiste en su mayoría en series complejas de acontecimientos.

➤ Las acciones en los sueños son generalmente diferentes a las del mundo real, porque representan una imagen con un significado de una cierta calidad.

En el sueño no hay límites reales. La instancia que se exige no es la realidad externa. Es el alma misma, o lo espiritual en el hombre, que pone el cuadro condicional de las posibilidades. Es la fuerza de la vida psico-espiritual que exige. En un sueño ocurre una confrontación interna con uno mismo en el nivel de significados (y sentidos).

➤ Es la otra lógica la que mantiene unidos los significados psico-espirituales en el procedimiento de un sueño, la que crea una arquitectura firme, no la lógica del mundo real.

La estructura del tiempo

En los sueños podemos reconocer, si el inventario surge del pasado lejano, o del presente, o del pasado reciente. A veces las imágenes oníricas indican más hacia el futuro. Lo característico aquí es la dirección hacia un tema dentro del espacio y del tiempo.

Cuando las imágenes oníricas vienen del pasado lejano, una elaboración biográfica está bastante indicada. Las imágenes oníricas de la vida actual señalan cuestiones actuales. Hay una orientación futura, el sueño empuja hacia un desarrollo nuevo dirigido adelante.

➤ El tiempo onírico puede extender y condensar, retardar o acelerar, o mezclar. Así se construye el significado.

Por otro lado, a veces surgen imágenes del pasado sin que tengan una relación estrecha con el pasado. Aquí no se trata de una elaboración biográfica. La imagen sirve de portador de un sentido para un asunto actual.

La perspectiva retrospectiva

Las imágenes biográficas muy reales estimulan para una elaboración. El escenario ocurre generalmente en un lugar del pasado. O hechos del pasado se hallan en el espacio del presente. Una visión retrospectiva no solo sirve para una elaboración, sino también para una mejor comprensión del presente.

➢ A menudo una situación problemática en el presente es de la misma forma "crítica" que situaciones similares eran "críticas" en el pasado.

Ejemplo Louis: Estoy en la casa de mi infancia. Es de noche cerrada. Fuera llueve. No hay nadie.

Ejemplo Anna: Me encuentro en el sueño en una situación de enseñanza como en aquella época en la última clase del bachillerato. Yo no he hecho los deberes. Ahora estoy enfadada con mi amigo porque otra vez ha llamado a su mujer.

Ejemplo Kai: Juego con un ferrocarril como lo hacía cuando era niño en aquella época. Es el mismo juego que estaba en el sótano de la casa de mis padres.

La perspectiva previsora (con finalidad)

Los sueños desarrollan esbozos de soluciones para conflictos y problemas. Estos sueños están aparte de este fin siempre dirigidos hacia el desarrollo, el despliegue y la maduración. En la perspectiva futura se halla el fin. La intención del mensaje es un objetivo. La visión previsora puede significar una anticipación, o puede enseñar un conjunto de causa y de efecto previsor: "Si tú continuas así, el futuro será de tal modo..." Los sueños con finalidad preparan el futuro (plano de vida): Ejercicio preparativo, plano, esbozo. Esto permite acostumbrarse mental y emocionalmente en el sueño, andar a tientas hacia nuevas posibilidades dadas. Estos sueños no son idénticos a los sueños proféticos. Son simplemente imágenes de gran porvenir.

> La finalidad quiere señalar la meta o la dirección de un proceso, en el entorno del desarrollo entero.

Ejemplo Fritz: Llega un transporte de mudanza. Yo reclamo que son unos meses demasiado pronto. El chófer me enseña el contrato de orden y ahí veo mi nueva dirección. No sé dónde está, pero suena bien.

Ejemplo Johann: Tengo dos hermanos nuevos, son sanos y fuertes, quieren venir a un viaje conmigo. La meta es claramente París (o paraíso).

Ejemplo Adrian: Estoy viajando en tren. Dicen que el tren hará un viaje de miles de kilómetros, y que el viaje será muy largo. Tengo en mis manos un contrato de seguro. Y en él está escrito que el tren llegará al fin correcto.

El aspecto de la finalidad se ve a veces en una situación crítica:

Ejemplo Beat: Estoy en un puente que llega al otro lado de un río muy ancho. Mi madre está conmigo. Tendría que ir al otro lado, pero mi madre no quiere.

Ejemplo Beat, dos días más tarde: Otra vez estoy en el puente. Esta vez tengo mucho equipaje conmigo. Veo que yo estoy atravesando el puente y me pregunto por qué lo estoy atravesando.

La dimensión extra-sensorial

Aquí hay que mencionar todos los sueños extrasensoriales, pre-cognoscitivos y proféticos. La presentación no se basa en los cinco sentidos, no la recibimos desde el inventario almacenado en el cerebro y tampoco del pensar o del concluir.

> El alma tiene capacidades extrasensoriales porque ella misma es de energía transcendental.

Ejemplo Toni: Está en paro y escribe dos solicitudes para un nuevo puesto de trabajo. Cuatro días más tarde recibe correo en su sueño. El empleado de Correos no le da las cartas en mano, sino que e las tira. Seis días más tarde él recibe realmente la respuesta: dos negativas.

Ejemplo Judith: Ella no sabe exactamente a dónde se dirige su vida. Vive sola, se ha separado de su amigo. Luego sueña: Aparece una cara alegre de un colega de trabajo de una época anterior. – Y ella dice: Hace mucho tiempo que ni le he visto, ni he oído nada de él. Tres días más tarde él la llama de una manera totalmente inesperada.

Ejemplo Felix: Un cliente nuevo se interesa en un asesoramiento. Nos ponemos de acuerdo sobre un programa de trabajo. El día siguiente Felix tiene un sueño: Veo esta persona por detrás, marchándose a dónde sea. – En efecto, esta persona no se puso más en contacto.

La visión profética

La profecía es una visión futura funesta. Tiene una importancia colectiva. Al mismo tiempo es un mensaje de Dios ligado a la salvación del pueblo. La salvación es un proceso de liberación por medio de un profeta (ver: Biblia). El proceso de salvación es psico-espiritual y llega a Dios.

Un profeta verdadero tiene estos sueños. Sabemos que raramente viene un profeta a la tierra. Naturalmente también personas 'normales' pueden tener sueños proféticos. Pero los sueños de la Biblia indican siempre un desastre y la historia de salvación. Si no hay esta relación, los sueños son de tipo pre-cognitivos. La palabra "sueños proféticos" falsamente está en uso como un fenómeno extrasensorial y del futuro.

> Los sueños proféticos indican un desastre colectivo y la historia actual de la salvación que es un proceso de liberación que puede salir de este desastre.

Ejemplo, sueño propio: Muchas personas están en un local. No ven el caos en el que viven. Y yo no veo ninguna posibilidad de clarificar a esta gente su situación. Pego un dibujo gráfico sobre el desarrollo de la población mundial en la puerta. Con un rotulador marco una flecha al año 2000 y escribo al lado: "El punto del colapso". Mientras que lo escribo, espero que podría significar también: "El punto de cambio" (en todo caso eso es lo que me gustaría más). Al lado de mí hay algo como un sol divino que dice: "Sí, has escrito correctamente". Y luego pienso: Luchar (pelearse) es la incapacidad superior de un ser humano enteramente en Dios, así lo sueño desde hace años.

El enlace entre el yo onírico y los demás/el mundo

De importancia especial siempre es la colocación y la expresión activa del yo en el sueño. Hay sueños que proceden como si fuera solamente una película. La persona que está soñando ni está dentro de la película, ni está incorporado en la escena. Luego hay sueños dónde el yo onírico es claramente un espectador de la escena. Y finalmente hay que mencionar los sueños dónde el yo onírico está participando activamente o pasivamente en el procedimiento onírico.

Siempre es importante de determinar el campo de significado en el contexto de la persona que está soñando. Pues el sueño es un mensaje a la persona que está soñando. Hay diversas variantes de la posición del yo onírico según mis experiencias, por ejemplo:

➢ La persona que está soñando no existe en el sueño, es decir: El mensaje se refiere principalmente a *la relación de la persona al objetivo*.

➢ La persona es en el sueño un espectador, es decir: El mensaje se refiere al objetivo. El objetivo es importante, importante dentro de *la previsión para la persona*.

➢ La persona está incluida sólo parcialmente en el hecho del sueño, es decir: El mensaje tiene un peso más real que el ser incorporado en el hecho; pero ambas perspectivas son importantes.

➢ La persona es la figura central en el sueño, es decir: El mensaje concierne *esencialmente y vitalmente a la persona*.

Con esto podemos determinar el campo de sentido en una relación directa a la persona que está soñando.

Si el yo onírico está en el sueño (y no en la posición de un espectador de una película), podemos considerar también el estado del yo onírico. La edad viva en el sueño, la salud, la fuerza que tenga una herida o una limitación física reciben con esto una colocación adecuada. Esta presentación del yo onírico dice algo sobre las funciones del ego de la persona en la vida real: Percepción, mecanismos de autoprotección, capacidad de integrar (el mundo exterior e interior), mecanismos de defensa, organización y coordinación, control y capacidades de superación de situaciones difíciles.

Las construcciones entre el yo onírico y las otras imágenes oníricas ofrecen una orientación de valor alto en la fuerza del yo, en las capacidades de superar y en general de las 'competencias de vivir'.

➢ La posición activa y pasiva del yo onírico en contra de las otras figuras en el sueño y en contra de la realidad onírica en su totalidad expresan algo sobre la persona.

Ejemplo, sueño propio: Estoy en una sala (un sitio) oscura, de ambiente mítico (o transcendental), casi en tinieblas. Veo muchas serpientes pequeñas, grandes y enormes, todas muertas, matadas a puñaladas, sus cabezas cortadas. Lo veo como en una película, aunque al mismo tiempo estoy dentro de la escena. Miro atrás de dónde he llegado, luego más atrás: Estoy al portal del Grial, directamente en el altar del Grial.

El dinamismo de la energía

Aquí mencionamos los sueños de curación, los sueños con una vivencia especialmente intensa (con carácter de llamamiento) y los sueños mágicos y arquetípicos. La vivencia produce un efecto curativo, activa una tendencia de auto-curación. El proceso de curación se relaciona en primer lugar a la vida psíquica y luego en segundo lugar a procesos físicos.

➢ Una vivencia emocional intensa da al sueño una importancia especial. El dinamismo energético caracteriza enteramente el sueño.

Ejemplo Karl: Algo quiere sofocarme. Con un esfuerzo grande puedo apartar esta presión. Es una masa abultada. Casi no puedo respirar. De pronto estoy en un paisaje verde. Me siento enormemente libre. Poco a poco puedo respirar profundamente. Luego estoy acostado en un prado, my tranquila y apacible, enteramente liberada.

Ejemplo Didier: Él tiene desde mucho tiempo en periodos mensuales una migraña fuerte. Después de siete sesiones analíticas él sueña: Estoy en un servicio de una estación de tren. Hay excrementes en todos los sitios y estoy de pie en orina hasta las rodillas. Tengo que vomitar sin interrupción. Cambio de la escena: Estoy solo en un barco, me siento muy bien. El cielo es azul y claro. Pienso que nunca más quiero volver en una mierda tal.

Los sueños mágicos

Las imágenes que exponen procesos psíquicos muy especiales, se forman con fuerzas mágicas o con rituales mágicos, para destacar la importancia y al mismo tiempo para fortalecer este proceso del alma. Estos procesos alcanzan al ser humano en su profundidad existencial. Siempre se trata de procesos arquetípicos del alma (individuación).

➤ Los signos misteriosos, las ceremonias religiosas y los arquetipos en general tienen un efecto mágico.

Ejemplo Audrey: "Estoy en una sala, similar a una gruta. Hay una luz débil, pues quizá un fuego o algunas velas. Ahí hay también una pareja vieja. Estoy un escalón más bajo enfrente de ellos, cubierto de un velo claro, con un resplandor dorado. Detrás de mí hay una figura clara con una vestidura de mismo brillo, casi transparente. Esta figura es mi "marido". Yo sé que hacemos pareja, que estamos unidos. Ahora recibo la consagración, la bendición de los dos viejos. La mujer es la que actúa. A "ÉL" casi no lo percibo, alrededor hay muchos seres espirituales. Me siento inseguro, aún débil. Al final ambos me abrazan, primero la mujer y luego EL. Ambos son Dios. Todo pasa sin palabras, solemnemente y sin prisas."

Puntos para recordar:

1. La interpretación de los sueños se desarrolla dentro de una arquitectura dada. La macro estructura del mensaje.
2. La interpretación de los sueños se halla dentro del sueño, es decir dentro del cuadro estructural: el enlace de las imágenes oníricas, el procedimiento, la dimensión temporal, las perspectivas del espacio, la colocación del yo onírico, la dinámica energética.
3. El reconocimiento de los componentes estructurales oníricos es un primer paso importante de la interpretación de los sueños. Con esto podemos limitar el cuadro de la interpretación y el campo de los significados, al menos con los puntos esenciales
4. Encontramos temas importantes en un sueño, pues da sentido poner el sueño en el desarrollo de una serie de sueños del mismo tema. Esto tiene la ventaja que cogemos mejor el enlace del tema en su transformación y desarrollo. Cuando se reconoce sobre un periodo largo un cambio significante, esto indica una etapa de un desarrollo alcanzada.
5. La lógica de la arquitectura mezcla espacio y tiempo, y con esto se indica el origen, el desarrollo y la dinámica del significado dado por el sueño.
6. La macro estructura se fundamenta en el enlace de los significados, y no en la lógica de mundo real. El conjunto de los sentidos crea la lógica onírica.
7. Los sueños con elementos extrasensoriales indican la capacidad extrasensorial del alma y del espíritu.
8. Los escenarios creados con una energía especialmente intensa y por esto con una vivencia de la misma intensidad enfocan la importancia de un hecho (objetivo, asunto, tema) y de un proceso interior actual.

7. Las formas de creación de un sueño

La micro-estructura de los sueños

Los sueños tienen en su construcción interior, en la formación y la composición de las imágenes y los elementos ciertas características a veces absurdas. Por eso dan una impresión incomprensible y vacía de sentido. O habitualmente dicen que los sueños esconden o cubren algo. Así piensan porque no consideran el dinamismo básico y la multitud de la exposición. Para comprender un sueño tenemos que reconocer en primer lugar cómo son las imágenes creadas, los símbolos y los elementos, y además como se integran juntos. Esto es la micro estructura de un sueño.

➢ La micro estructura de un sueño consiste en la multitud de exposiciones de las imágenes singulares y los escenarios.

Quiero exponer seguidamente como los sueños crean imágenes y unen juntos los elementos. Pero antes de esto hay que clarificar por qué los sueños no 'hablan' simplemente de forma directa y clara, por qué no enseñan el significado siempre inequívoco.

Las formas de comunicación

El hombre habla de forma indirecta en muchos asuntos, a veces en alegorías y metáforas. Con varias decoraciones cuenta la gente su vida. Las formas de comunicación en la vida diaria contienen muchas variantes, una parte típica para la lengua corriente, otra parte según el estilo de lengua del nivel de educación.

➢ El hombre dispone en su vida real de muchas formas para informar directamente o indirectamente la realidad experimentada o pensada, en palabras e imágenes decorativas, con sentimientos, con la expresión física y con una intensidad de sonido.

La comunicación en la vida diaria, en la política, en los medios y en la publicidad tiene 'válvulas de seguridad'; por supuesto no siempre. A veces vale el principio: No se puede decir todo al hombre siempre y directamente. Él no podría soportar esto. Hay que darle la ocasión de acercarse poco a poco a lo esencial de un mensaje. Algunos no quieren escuchar ni en cuestiones muy importantes. Pues hay que decírselo en un tono fuerte, o hay que hablar con enigmas. Quizá luego el hombre escucha. Algunas variantes de exposición son sobre todo creativo, juguetón, y en su sentido propio artificial, sobre todo en la literatura, en la pintura, según propias reglas.

Hoy sabemos que la forma y el modo de una formulación, de una creación de un mensaje, muchas veces es más importante que el mensaje mismo. La forma es muchas veces ya parte del mensaje. Y a veces el hombre habla no para decir algo, sino para producir un cierto efecto. Esto lo conocemos por calumnias, intrigas y asesinato moral. Las intrigas son una forma muy perversa de la comunicación. Aquí la persona mezcla cosas que no forman un conjunto, deja pasar elementos importantes de una información, adjunta algo ajeno y pone acentos nuevos con un fin determinado. Esto prepara el camino para que la víctima caiga en una trampa. Tal construcción verbal de una realidad tiene el fin de conseguir los propios intereses. Las construcciones de un mensaje sirven a menudo más para un fin que a la información verdadera.

¿Por qué un sueño no tendría que disponer de una propia multitud de creaciones para construir un sentido? El "cómo" de un mensaje es en la vida algo normal e importante, afortunadamente los hombres ignoran este "cómo" demasiado en las relaciones interpersonales. En un sueño este "cómo" tiene una función esencial en su creación.

➢ Es evidente y nada de extraordinario que un sueño tiene su propia riqueza de crear un mensaje. Es tan 'normal' como lo ocurre en la vida.

➢ Las formas características de crear un sueño contienen ya un significado o al menos una indicación, dónde y cómo está el sentido inmanente en el sueño.

La vida como una lengua simbólica

➢ La vida misma es un espejo: Lo que el hombre es, vive y crea, se pone luego frente a él.

➢ En muchísimo de la vida podemos reconocer un sentido o un sin sentido, valor o falta de valor.

El hombre reflexionando puede preguntarse a sí mismo por su actuar y por su entorno, creado por él. Tomamos algunas imágenes drásticas del mundo real: La polución y la contaminación del entorno nos enseñan la indiferencia del hombre por la naturaleza. La forma en que mucha gente conduce, saca a la luz su agresividad, su falta de respeto y de pensamiento. Una vivienda, en un estado desordenado, revela algunos aspectos del habitante. El trato a los animales, no raramente muy brutal, los cuidados y transportes para el mercado de carne, no sólo es una expresión de sentimientos crudos, sino también de la falta de respeto a las criaturas vivas. Los escenarios de guerra nos muestran cómo el hombre suprime su vida psico-espiritual, en todos los sentidos menosprecia y acaso "muerde". El engaño, el atraco y el robo, también el fraude y las estrategias económicas para destruir una concurrencia indican falta de escrúpulos, ansia de poder y codicia.

Muchas formas de violencia son expresiones de agresiones interiores, también hacia sí mismo. La forma y el contenido de la comunicación diaria entre la gente expresa estima, lealtad y respeto o lo contrario. En lugares oscuros a menudo hay gente oscura. En vez de decir a alguien que es malo, destructivo, insensible, feo o hiriente, se puede presentarle simplemente el daño que hizo.

Cuando contemplamos la vida diaria de los hombres, su actuar y producir, y también los resultados al nivel del sentido y de la calidad, vemos una realidad de sentidos (significados) caóticos, absurdos y confusos. Solamente porque el hombre no ve (no quiere ver) este sentido, percibe la realidad externa en orden, como lógica y comprensible. Los sueños procuran mensajes de sentido. Porque el hombre no los entiende y no se esfuerza en comprenderlos, los experimenta como caóticos, absurdos y confusos.

➢ La vida nos muestra cada día en imágenes con significado cómo pensamos, quiénes somos, lo que hacemos y como vivimos.

➢ Si reconociéramos las realidades externas del hombre solamente a su nivel de significado y su calidad, veríamos un mundo absurdo, tonto y caótico.

➢ Como en la realidad encontramos en los sueños escenarios, imágenes sobre la vida y el actuar del hombre, que por sí mismo contienen un mensaje de sentido sobre el hombre (los hombres).

Las imágenes que hablan

La vida como un espejo que habla, significa para las formas de creación de un sueño: Los sueños "dicen" sus mensajes en la misma manera, tienen una forma de expresión comunicativa muy variable. La expresión onírica raramente está concentrada en una sola variante de expresión. Pues también en la vida hablamos mezclando las formas de creación. Así un solo escenario onírico puede contener aspectos explicando, valorando y mirando hacia el futuro. Una sucesión de escenas significa por que explican: "¡Eche una ojeada una vez aquí, otra vez ahí!"

➢ Las imágenes oníricas son como un espejo. Muestran y explican. Estimulan la contemplación. A veces exhortan. Hablan al hombre.

La simbolización de un significado, es decir la forma de crear una imagen y un sueño, puede esconder o cubrir según la intención de la fuerza espiritual. Pero esta función se basa menos en la defensa de la persona, sin embargo, mucho más en un fin andragógico: "Mire exactamente. Si no quieras ver, tienes que sentirlo. ¡Acércate despacio al asunto explosivo y poco claro!"

Pero en su mayoría no se trata de lo que hay "detrás" (escondido), es decir el significado determinado. Es la imagen que habla directamente por sí misma. Con pocas imágenes se puede decir mucho. De este modo los símbolos son representaciones económicas. La imagen pone un valor desde el punto de vista del alma y del espíritu. Aparte de esto tienen importancia aquellas imágenes que simplemente son una traducción de palabras.

➢ Las mágenes oníricas muestran a menudo sin rodeos y directamente su valencia y con esto su sentido.

➢ En una imagen se condensa una riqueza concentrada.

➢ La mediación de un sentido ocurre en un sueño de varias formas.

Las imágenes oníricas representan un valor, una valencia y un sentido. Pero el sentido no está "detrás", pero más "dentro", es decir que se expresa a través de varias variantes simples y complejas de creación. Quiero exponer en lo siguiente estas formas de creación.

La forma de creación: La representación real

La imagen es exactamente lo que es también en la realidad. La imagen es una representación clara y real de una realidad experimentada. No hay que buscar un sentido profundo. La imagen habla por sí mismo. El sentido se encuentra alrededor de la imagen y de la realidad real.

➤ La representación real: ¡Así es! De esto se trata.

Ejemplos: Las personas aparecen con la forma que la persona que está soñando las conoce. Esto vale también para elementos como casas, lugares, animales, plantas, objetos, instituciones etc.

La forma de creación: La alusión

Hay muchas imágenes en sueños que son vagas y no claras. Dan solamente una indicación fantasmal y por alusión. Un acontecimiento o una acción con perfiles vagos pueden aludir a algo muy diferente. Una imagen imprecisa, esbozada con un contorno vago tiene una función demostrativa: "¡Mire más detenidamente! ¡Piense sobre eso!" En general hay detrás un hecho complejo.

➤ Alusión: ¡Mire atentamente!

Ejemplo Verónica: Mi colega de negocios viene. Tiene una cara difícil de catalogar e impreciso a ver, en cierto modo insincero y falso.

Ejemplo Joe: "Lo único de lo que me acuerdo es que se trataba de un tribunal."

Ejemplo Rolf: "Creo que mi padre estaba a la mesa."

Ejemplo Katrin: En el sótano se halla un pequeño cuerpo casi muerto. Me parece en el sueño que es un gato.

La forma de creación: La deformación

La deformación es una variante del desplazamiento. De mayoría es una dimensión cambiada. Las salas son poco comunes pequeñas, bajas o altas. Los muros están desplazados. El suelo está ladeado. Un animal normal se transforma en un animal fabuloso. Una apariencia normal se cambia en una expresión insólita y inconforme, una expresión deformada. Lo que parece en un sueño sin importancia, puede a veces tener una importancia enorme. Algo muy pesado y peligroso se presenta banal. En este sentido también una alusión vaga y banal puede entenderse como una deformación. Un animal que habla es una deformación de su naturaleza, algo especial. A menudo la deformación indica una defensa fuerte de la persona. Pero muchas veces es solamente una forma de creación, no raramente con humor o ironía.

➢ Deformación: Hay algo deformado, entonces hay que poner lo en la forma correcta.

Ejemplo Ludwig: Estoy en el garaje sótano. El techo es tan bajo que tengo que bajarme para llegar a mi coche. El coche se parece más a un juguete sin ruedas.

Ejemplo, sueño propio: Estoy en una selva y tengo poca orientación. Una lechuza está sentada en una rama, levanta el vuelo y llama: "¡Ven!"

Ejemplo Liselotte: Estoy en un caballo alto. Parece que tiene "dos plantas" con forma de dos cuerpos encajados uno con otro.

Ejemplo Eva: Estoy en un aula de enseñanza, parecida a lo que teníamos al último año el bachillerato. El suelo está inclinado. Las mesas y los armarios también están inclinados y además en un sitio imposible. El profesor es demasiado grande. Sobre las sillas están sentados niños de la escuela primaria.

La forma de creación: La intensidad de la vivencia

(Sentimientos, colores, tonos, duración y plenitud de un escenario)

De vivencia intensa son los sueños con un llamamiento fuerte, sobre todo las pesadillas y los sueños arquetípicos. En vez de mostrar en imágenes como lo es, el sueño produce un sentimiento y así la persona puede reconocer el significado desde su vivencia. Las imágenes combinadas forman una intensidad de energía y producen por esto una fuerte emoción. Las imágenes de expresión fuerte, claramente coloradas y vivas, siempre tienen un efecto emocional alto. Las imágenes oníricas con una vivencia intensa forman a menudo el núcleo del mensaje. A veces una larga historia onírica tiende a una sola vivencia emocional: "¡Tal teatro!", "¡Que estiércol!", "¡Por fin lo he conseguido!", "¡Puf, como me he ido al agua!"

➢ Vivencia intensa: Importante. Sentido esencial. Ocurren procesos.

Ejemplo Bill: Tengo que cruzar una calle. El tráfico en ocho carriles es enorme. Mucho ruido. Falta de visibilidad.

Ejemplo Joe: Estoy volando sobre paisajes, pueblos, colinas y montañas. Mi sentimiento es espléndido, maravilloso, pero no obstante un poco inquietante. De pronto este volar no funciona más. ¡Que suerte, me despierto!

Ejemplo Clara: Ayer me peleé fuertemente con mi marido. El sueño después: Estoy en nieve y hielo, en medio de un declive peligroso. Me perdí el camino. Me despierto con tremenda angustia.

Ejemplo Hanna: Estoy encerrada en mi casa. Quiero salir, pero la puerta está cerrada. Las ventanas no se abren. La escalera llega a un vacío. Los suelos so de madera, podrían romperse mientras ando al otro lado. Todo es muy estrecho, casi angustiándome. ¿Qué hago aquí?

La forma de creación: La causalidad

No hay formas de creación que expresen directamente una causa. "Causa" quiere decir en punto psicológico: "Porque era entonces así, tú ahora eres así." Pero las causas no solo son acontecimientos anteriores. Toda la historia del desarrollo psicológico de una persona es un campo de innumerables causas posibles para una situación actual. Como causas son válidos no solo personas y sus acciones o ciertos incidentes, sino también factores del entorno que influyen al hombre. Cuando un sueño quiere expresar una causa, las imágenes contienen casi siempre componentes críticos muy claros.

El tiempo real no vale para el alma. El pasado vive en la cabeza (en el inconsciente), forma parte del propio presente vivo. Lo que tiene valor causal, es a menudo simultaneo con otros elementos en un procedimiento de acción. A veces las secuencias oníricas dividen un tema en: Situación, causas, efectos, potencial de desarrollo. Es lógico examinar primero imágenes oníricas y elementos oníricos con un contenido biográfico desde el punto de vista causal crítico de un problema actual. Lo que en un sueño quiere indicar una causa, se puede identificar solamente dentro de una interpretación psicológica y relacionada al mundo real.

➢ El significado causal de una imagen onírica se reconoce muchas veces por una determinación temporal, en su mayoría claramente caracterizada con un aspecto crítico.

➢ La causalidad: Mezcla de tiempos con elementos críticos: ¡Atención, es crítico!

Lo que era en el pasado una causa, está incorporado en el organismo psíquico, es ahora algo propio, una fuerza propia viva. No podemos hablar solamente de una causa, sino de una fuerza con efecto crítico. "Fundación" significa: "Así era entonces, y por eso tú tienes hoy esta dificultad"; "No te instales en esta casa, pues hay una energía mala dentro, y eso no es bueno para tu futuro"; "Si tu no aprendes continuamente, no progresas en tu vida." Las fundaciones pueden relacionarse con muchas cosas.

➤ Las imágenes oníricas con valor de explicación (fundación) contienen una valoración con aspectos morales, críticos, inhibitorios o favorables.

No siempre es fácil reconocer si se trata de causas o de "una cosa o otra". Ningún "cuando", o "pues" o "pero" está en un sueño entre los elementos. También aquí tiene una importancia:

➤ Las conjunciones (cuando, pues, pero, porque, etc.) se reconocen al nivel del significado.

Ejemplo Adrián: Él tiene desde hace mucho tiempo un dolor difuso en su abdomen. En el sueño está acostado en una mesa de operación y tiene mucho miedo. En la sala de espera están sus padres, un cura y un profesor de su tiempo de escuela. – Es obvio: Las causas de su dolor no se hallan en un sufrimiento físico, sino en experiencias con estas personas en la sala de espera: Heridas psíquicas de la vida pasada con estas figuras, una "úlcera" (complejo) que hay que sacar con una operación.

Ejemplo Johannes: Está en paro. Sueño: Mi mujer está limpiando una vivienda vacía (como lo hace en realidad profesionalmente). Estoy al lado y la observo. A un colega que está a mi lado le digo: "¡Oh, estas mujeres!". El colega es más un joven, como me doy cuenta ahora. Es bastante perezoso. Enfadado comento: "¡Sería mejor que aprendieras algo razonable!"

Ejemplo Marie: Ella no entiende por qué la búsqueda de un amigo siempre fracasa. Pues él sueña: Estoy en un viaje en el Sur de España. Conmigo está un hombre muy hermoso. Es él que quiero tener. Me acerco a él con la intención de flirtear. Pero una niña me molesta permanentemente.

La forma de creación: La compensación

"La ropa clasifica a la gente", se dice. Hoy en día tiene más valor: "Los coches exhiben personalidades". Pero sabemos: Más de uno al que le falta desarrollo psíquico, que tiene en su inconsciente un caos muy confuso y que en general tiene fuerzas esenciales muy inestables, se muestra exteriormente (con ilusiones y objetos) con ostensible fuerza. Muchos piensan que sus actitudes y creencias están en orden, pero no calculan con su alma. Lo que uno es exteriormente y vive, tiene demasiado a menudo en su psique lo contrario.

A veces encontramos en sueños un mensaje que quiere corregir o completar o equilibrar algún conocimiento consciente. Él que en su vida real es fariseo, está en su sueño un "injusto" o un fracasado, porque se hace ilusiones con su fariseísmo; él que hace gala con su dinero, es en su sueño un mendigo, porque no puede ofrecer ningún valor psico-espiritual. Cuanto más lejos está el yo consciente de lo que efectivamente él es, tanto más intensamente opera su compensación. Esto tiene valor naturalmente también para las perspectivas positivas. Si uno se encuentra en una situación desesperada, el sueño puede mostrar le lo que produce en él esperanza y alegría de vida; para recuperar estas partes de la vida. "Compensatorio" significa que el sueño indica la realidad opositora.

➢ Una imagen compensatoria no muestra el hecho mismo como está manifiesto en el consciente, sino lo que está realmente en el interior o el estado que tendría que tener.

"Compensatorio" significa luego: Equilibrar para acentuar y destacar, para debilitar o aumentar, para minimizar o ampliar, para acercar o distanciar. Los hechos en el sueño están puestos en una dimensión desacostumbrada para que la persona equilibre el contenido en su consciente en cuestión, para que corrija actitudes y comportamiento en el interés de un equilibrio. En cierto modo todos los sueños son compensatorios, en cuanto cambian el consciente, ya que siempre lo amplían de algún modo.

➢ Lo que hay que redimensionar y corregir en el consciente, se muestra en el sueño a menudo en el tamaño contrario, en la forma de su contravalor.

➢ Compensatorio: Corregir, cambiar, equilibrar.

Ejemplo Heinz: Me miro al espejo desnudo, tengo un pene demasiado grande.

Ejemplo Peter: Director. Hombre muy vital. Él sueña: Vivo en un piso viejo y muy pequeño. Solo hay muebles raídos. No hay luz. Quiero cocinar algo, pero el horno no funciona. Hay pocas cosas en el frigorífico. Me siento desamparado, más como un niño.

Ejemplo Sophie: Ella es maniquí y por esto está muy orgullosa. Sueño: Estoy en el baño y me siento gorda y fea. Parece abominable. Alguien estaba al retrete, dejé mucho excremento y no los ha limpiado y en el suelo hay papel sucio.

La forma de creación: Los contrastes

Una imagen onírica se distingue claramente de la realidad efectiva. La divergencia es vistosa. La diferencia empuja a preguntar críticamente. O bien, la imagen crea algo opuesto, es decir que lo que diverge está en un contraste de forma opuesta. La imagen representa una realidad con una diferencia vistosa, así que el contraste se impone como realidad verdadera. Hacer algo en un sueño que nunca uno haría (o pudiera hacer), es una forma de poner un contraste. El contraste puede mostrarse en la dimensión, en el contrario o en una imposibilidad real (por ejemplo: volar). A menudo los valores de la vida real se oponen a los valores del alma. En la literatura discuten el "cambiar al contrario" como una forma de poner un contraste.

➢ Un contraste muestra una diferencia vistosa entre la imagen onírica y la realidad, entre diversas dimensiones y atributos o entre valores del alma y valores de la vida externa.

➢ Contraste: Indica lo que no es así, o que es enteramente diferente.

Ejemplo Max: De pronto soy un hombre rico. Parece que me ha tocado el gordo. Enseguida quiero comprarme un nuevo coche, un gran piso y los mejores muebles.

Ejemplo Adrián: Estoy enfrente de una catedral enorme con torres altos. Veo unos curas y cardenales en sus vestidos de ceremonia, tienen anillos enormes en sus dedos gordos. Entro en la iglesia. Dentro están sentados muchas personas muy pequeñas. Hay un ambiente oscuro.

Ejemplo Gert: Entro en un centro comercial muy grande y deambulo con un carrillo. Me siento perdido. Luego voy a la caja. Mi carrillo está vacío. No recuerdo lo que quería comprar.

Ejemplo Margot: Ella quiere entrar en una sociedad de Grial y luego sueña: Alguien pone vistosamente con lentitud y ceremonia el folleto mensual de esta sociedad sobre la mesa. El folleto es desacostumbradamente gordo, con un brillo destacado y colores muy fuertes.

La forma de creación: Las formas de hablar

Los escenarios imaginativos pueden reflejar formas de hablar.

➤ Formas de hablar: Las imágenes son traducciones de las formas de hablar.

Ejemplo: Alguien me muestra su espalda. (Despedida. Negación.)
Ejemplo: Tener puesto gafas oscuras con poca visión. (Vive impedido, él que no ve bien).
Ejemplo: Alguien esta silbando. (Me importa un pito).
Ejemplo: Estoy enfrente de un muro alto. (Desconcertado. Desamparado. Falta de solución.)
Ejemplo: Son las doce menos poco/menos cinco. (Ya es hora).
Ejemplo: Encontrarse en un declive muy escarpado. (Muy agotado. No poder más).
Ejemplo: En un lugar hay de pronto hierba. (El asunto está terminado hace mucho tiempo).
Ejemplo: En la parte de atrás de una casa hay una puerta. (La solución de una situación).

La forma de creación: La reducción

Le sueño puede reducir un asunto realmente importante en una sola imagen. Un asunto complejo es comprimido óptimamente en simple. La plenitud y la multitud se muestran en una sola imagen llena de significado. Se ve que el asunto real tiene que ser más complejo y más importante en las características del tema. Una imagen reducida tiende a destacar las fuerzas de efecto esenciales.

En literatura discuten sobre la "función reductora". Esta función quiere corregir una sobrestimación de uno mismo, exigencias de poder, deseos irreales e imágenes falsas de sí mismo. Tales parcialidades se reflejan muchas veces en la forma compensatoria.

➤ Reducción: Importante. Esencial. Lo característico. El núcleo.

Ejemplo Sandra: Veo un cerezo lleno de flores.

Ejemplo, propio sueño: Estoy enfrente del altar del Grial.

Ejemplo Mathias: Conduzco un vehículo de tipo tanque, similar a un tractor.

Ejemplo Lies: Tengo una concha y se abre. Dentro hay un animal, una vida pulsando, debajo una perla.

La forma de creación: La elaboración secundaria

Unir elementos y acciones que tienen que formar un significado o un conjunto de significados, necesita elementos que unifican. Hay que llenar huecos, crear un paso fluye y dibujar un entorno. Así se forma una continuidad, es decir un procedimiento del hecho, una forma de sucesión lógica. Con elementos aditivos se puede armonizar el disparate y el factor del tiempo. Por otro lado, un sueño es creado abundante para mostrar la multitud, para crear una vivencia viva o para efectuar un llamamiento drástico. A veces una imagen se representa a sí misma y no algo diferente a lo que se expresa por decoraciones. Integrar elementos, sobre todo de repente, se efectúa como fortalecimiento. Unas veces la elaboración secundaria sirve solamente a una exposición creativa de un potencial de desarrollo; en lo creativo está el dinamismo del crecimiento.

➤ Elaboración secundaria: Crear escenarios y estados de humor.

Ejemplo Pedro: Estoy viajando en un barco. Arriba está el capitaneo. Marineros en ropas blancas trabajan diligentemente. En todos los sitios hay gente. Veo bancos, cuerdas y objetos de todo tipo. Es un ambiente de viaje.

Ejemplo Karl: Guateque. Hay mucha gente, mesas con comida y bebida, todo es vistoso. La música suena, la gente baila o charla. La sala es grande. Estoy sentado, aburrido, en una esquina.

Ejemplo Leo: Estoy en un piso antiguo, en la sala de estar. Aquí estoy sentado con mi mujer alrededor de una mesa. Varios objetos se hallan por encima. Casi no hay espacio para más muebles. Hay poca luz. Quiero cambiarme de vestido. El pasillo es muy largo y estrecho. Aquí no se puede poner ningún mueble, en la pared hay unos colgadores. A la izquierda y a la derecha hay dos habitaciones pequeñas, también con pocos muebles. En el baño hay una cama con cosas encima. Faltan armarios para colocar todas las cosas que hay.

La forma de creación: El cambiar, al contrario

El cambio al contrario es una variante de la forma de compensación. La imagen no muestra lo que es real, sino exactamente lo contrario. Uno tiene algo en el sueño que en realidad no lo tiene. Hay algo que es en la realidad, al contrario. O en la imagen es "rico", pero quiere decir "pobre", es "Suerte y alegría", pero quiere decir "Mala suerte y sufrimiento"; luego: Amor cambia en odio, agresión cambia en angustia y un sentimiento intenso cambia en falta de sentimientos, etc. Se trata de autoestima y actitudes. El cambio a veces quiere decir simplemente: "¡Si fuera al revés!"

➢ Lo que uno toma en la vida por demasiado importante, ocurre en el sueño como sin importancia. Lo que uno descuida en su vida, recibe en el sueño un peso especial.

➢ Cambio, al contrario: ¡Ocúpate con lo contrario!

Ejemplo Robin: Ella ya ha leído unos libros sobre la psicología, sobre la práctica de la vida en general. Ha elaborado bien estos libros y los ha tomado en serio. Ahora piensa que eso es suficiente. En el sueño ella recibe estos libros de una librería por correo y quiere devolverlos porque ya los tiene. – El cambio en su contrario: "¡Aún tienes que leer mucho! ¡Cómprate más libros nuevos!"

Ejemplo Karl: Un oficial reconocido. Sueño: Conduzco un pequeño coche oxidado, sin neumáticos, sin dirección, sin asientos fijados, pero no obstante anda.

Ejemplo Cura: Estoy con una prostituta y practicamos lo que me gusta en el sexo. No tengo ningún escrúpulo moral.

Ejemplo Sigmund: Hombre muy recto, amable, trabajador a consciencia. Su sueño: ha cortado los pechos a una mujer, las porta en una bolsa de plástico al sótano. Aquí hay más partes de cadáver. Huele muy mal.

La forma de creación: La condensación

La condensación es una forma de mezcla. A través de unir diversos elementos y al mismo tiempo de ignorar otros elementos resume una concisión concentrada que quiere llamar la atención justamente a este fenómeno. El sueño cambia expresiones, las ignora o corta. El mensaje se forma por la riqueza concentrada. Lo que es denso e ilógico está junto, contiene algo en común y por eso hay una concordancia interior. Al nivel de los sentidos encontramos aspectos como: causas, metas, fines y caminos de solución. Metáforas y juegos de palabras también son condensaciones.

➢ En la condensación está concentrada el significado.

➢ Condensación: ¡Es denso! ¡Enfoca lo concentrado!

Ejemplo Klaus: Un Señor 'Doctor Malo', que tiene la cara de mi jefe real me insulta como mi padre en otra época.

Ejemplo, propio sueño: Veo colgada fuera de la ventana de mi despacho una bandera con una imagen conteniendo: Cristo, la espada del rey del Grial y el globo imperial, dentro el "circulo-cruz-mandala".

La forma de creación: La comparación

No solo hay que interpretar críticamente a las personas en un sueño relacionado consigo mismo, por ejemplo, como sombras propias. Algunas figuras aparecen como amigo y ayudante. Las personas sirven a veces como una comparación para que la persona que está soñando reconozca: "¡Esta persona ciertamente no soy yo!" Lo que ocurre en un sueño contiene un campo de significado que sirve para determinar su propia posición. Las reacciones asociativas pueden ser: "Algo similar vale también para mí."; "¡Pero esto ciertamente no soy yo!"; "Así yo también he actuado."

➢ Comparación: ¡Busque tu posición!

Ejemplo Adrián: Estoy en una arena. Hay mucha gente. Soy espectador. Dos figuras enormemente grandes entran en la arena y combaten.

Ejemplo Edmund: Miro un hormiguero y estudio como se coordinan.

Ejemplo Jazmín: Recientemente una colega me dijo que le parece tonto que yo vaya a un psicoanalista desde hace cuatro años. Sueño: Veo a esta colega que me parece muy infantil, como una niña grande. La veo con su coche caro de clase medio. Ella conduce muy agresiva, solamente para demostrar que ella es "más" y "mejor" que otras mujeres. Se da mucha importancia. – Primera reacción: ¡Con esta mujer, efectivamente, no tengo nada en común!

La forma de creación: La mezcla

Las imágenes singulares y los escenarios enteros pueden tener en los sueños componentes que realmente no existen. El lugar, las personas y los objetos están compuestos de diversos otros "objetos", entornos y tiempos de la vida de la persona. Varios elementos forman una imagen y con eso un paquete de un mensaje. De esta mezcla sale algo nuevo. Tal mezcla revela lo que es común al nivel de sentido. A veces tal mezcla quiere decir simplemente: "¡Que es muy confuso!" También en la vida real hay mucho mezclado, en el hablar y actuar, en los deseos y la percepción subjetiva.

Cuando se trata en una mezcla de personas, se dice *"personas mezcladas"*. Tales figuras representan a veces el núcleo de un complejo. La mezcla de elementos (en personas, lugares, objetos, salas) de varios tiempos (infancia y presente) se denomina *"creación anacrónica"*. Esta conexión de elementos que en realidad no tienen nada que ver en común, se llama *'Contaminación'*.

➢ La mezcla está unida por un sentido común.

➢ Mezcla: Está mezclado. ¡Divídelo!

Ejemplo Erwin: Estoy en el cuarto de infancia que tenía en la casa de mis padres cuando era joven. Al mismo tiempo está en mi casa donde vivo hoy. Oigo voces en el salón. Mis padres están ahí. (El padre ya está muerto en realidad.)

Ejemplo Adrián: En mi sueño estoy visitando a mi psicoanalista en su gran mansión. Ya desde lejos veo que su casa por un lado parece su casa real y por otro lado al mismo tiempo es como un invernadero, todo en cristal con marcos de aluminio.

La forma de creación: El desplazamiento

Los elementos son desplazados a algo diferente, a veces a algo muy lejano. Así se forman constelaciones que parecen absurdas. Esto crea un nuevo punto de vista y con esto un nuevo tema. O la energía emocional de un hecho se transfiere a otro objeto. A menudo algo propio de la persona que está soñando es transferido a otra persona, a un animal o un objeto. Este desplazamiento puede deformar algo hasta su desfiguración. La parte transferida quiere decir quizá: "Hay algo enteramente desplazado." En su mayoría se trata de actitudes, creencias, forma visual o ideales. Así es también en la vida: Desplazados son acciones, sentimientos y proyectos enteros de la vida.

➢ Desplazados: Hay algo desplazado y hay que ponerlo en el lugar correcto.

Ejemplo Sara: Un bóxer (perro) tiene el pelo de varios colores (variopinto). Los colores son aquellos de mis ropas que más me gustan. (Asociación de ella: pájaro variopinto').

Ejemplo Maya: Tiene 24 años, su amigo es joven y muy fuerte. Ella tiene miedo de vivir la sexualidad y se aparta siempre cuando puede. Su sueño: Entro en una casa. Ahí hay una sala esotérica. Todo parece muy suave. Quiero que el iluminado me enseñe lo 'santo'.

Ejemplo Eva: Se ve desnuda y se extraña que tiene pelos rojos hasta su nalga.

La forma de creación: La valoración

Un mensaje onírico se compone en su mayoría de varios elementos. Sus partes esenciales pueden jugar un papel diferente. También la valencia (el valor del significado) de cada elemento, es decir el peso del valor, es variable. A veces lo reconocemos en la intensidad de los sentimientos, fijados a la imagen. También este peso emocional puede desplazarse. Hay escenas oníricas a las que la persona que sueña reacciona con indignación: "¡Nunca haría esto!" Son escenarios de sexo, de violencia y de criminalidad en general. Cuando interpretamos tales escenas en el contexto del ser psíquico y de las actitudes de la persona sobre la vida psíquica, siempre se ve una "moral psicológica", es decir los valores que tiene la persona sobre la vida psíquica.

Muchos sueños procuran el sentimiento de un valor, un juicio moral: Bueno-malo, Felicidad-desgracia, alegría-ansiedad, desesperación-esperanza, correcto-falso, sin vaol-con valor.

➢   La valoración: Así es desde el punto de vista psico-espiritual.

Ejemplo Adrián: Estoy sentado dentro de un sol. En todos los sitios hay sol. Me siento sano, al abrigo y fuerte.

Ejemplo Beatrice: Me deslizo bajo un prado pantanoso y llego a una ciénaga de excremento y basura que dejaron otras personas que también bajaron a este prado.

Ejemplo Dagobert: En la pared de mi salón hay una cajita escondida con un pájaro encerrado. Ahora se abre su puerta y el pájaro vuela fuera en el cielo azul y soleado. Tengo un sentimiento de liberación.

Ejemplo Rudolf: Él es comerciante y especulador de inmobiliaria; me cuenta: "Casi cada dos o tres meses tengo un sueño donde provoco con mi coche accidentes, golpeando y atropellando personas. Cada vez veo a personas heridas y muertos. Pero no me preocupo de nada. Continúo conduciendo sin escrúpulo."

La forma de creación: Los juegos con palabras y cifras

La mezcla de palabras y de elementos de palabras llega a combinaciones extrañas que en la realidad no tienen sentido. La palabra parece sin significado. Las creaciones de palabra raras y tontas se componen de elementos que solamente la persona puede reconocer y recomponer. Tiene que buscar con creatividad. En verdad, es un "juguetee", una mezcla o una condensación. A veces una palabra recibe su sentido por su tono. El tono es el desencadenador para una asociación y esta llega al significado.

➢ Juegos de palabras y cifras: Juguetee. ¡Piensa un poco!

Ejemplo Ludwig: Estoy en la estación de tren. Son las 22.65 horas. Por eso no llega el tren, dicen.
(El tiempo imposible: Es imposible andar adelante porque no está preparado, es decir que no ha cumplido su rendimiento necesario.)

Ejemplo Lothar: En el sueño alguien le saluda con "Señor detective".
(Hay que revelar una mentira insidiosa y/o un engaño feo.)

La forma de creación: El fortalecimiento de la conciencia onírica

(Sueños lúcidos, sueños claros)

Reconocer en un sueño que está soñando a veces permite un control del procedimiento onírico. En situaciones críticas esto significa: "¡Qué suerte que es solo un sueño!". Esto acentúa la importancia de la situación. A veces luego el yo onírico puede cambiar la situación o salir de la situación despertando. En la situación el yo onírico piensa que está despierto. Esta vivencia es a menudo liberadora, hermosa y de emoción intensa. Además, es característico que el yo onírico está a una cierta distancia del acontecimiento onírico. Puede ser que sea así porque el yo onírico se da cuenta que está soñando esta situación. Es esto que produce una cierta intensidad emocional y un darse cuenta especial. Nunca podemos comprender tal regulación activa del yo onírico como un "poder" sobre los sueños. En la literatura, hay sobre este fenómeno demasiada exageración irritando cuando prometen que uno puede influir en el hecho onírico y aprender a dominar el procedimiento onírico, o aún forzar una experiencia transcendental. Esto no es más que 'business as usual'.

Hay sueños lúcidos que producen una experiencia de luz muy agradable. A veces son mándalas que producen este efecto. Entonces es una experiencia arquetípica. Pero nunca podemos entender esto como "la iluminación grande " o como "el consciente más alto", aún no cuando la vivencia contiene una claridad mística. Es aconsejable, mirar bien de qué luz se trata. Puede ser un deslumbramiento.

➤ Creaciones lúcidas: Estado consciente especial. "¡Qué suerte!"

Ejemplos: Hay muchas posibilidades. El escenario no juega un papel importante. LO característico siempre es lo mismo: "Ah, estoy soñando esto." Y en el sueño el yo onírico decide lo que va a hacer. A veces produce así la solución correcta o se despierta (¡Qué suerte!).

Ejemplo, propio sueño: Veo en la lejanía un símbolo de vida (el circulo-cruz-Mandala). Luego varios mándalas y después más y más. Al final están todos alrededor y encima de mí. Pienso, bastante sorprendido: "Oh, son mándalas de vida. Lo sueño". Se profundiza en mi un sentimiento profundo de país natal.

Ejemplo Johanna: Estoy al borde de un abismo. No puedo ni subir ni bajar, ni moverme de cualquier modo. Tendría que caer. Ahora reconozco que estoy soñando y pienso: "¡Ahora voy a despertarme!" (Y despierto realmente).

Ejemplo Alicia: En mi sueño estoy contando a mi marido un sueño, y al mismo tiempo sé que ahora estoy soñando.

Puntos para recordar:

1. El sueño quiere revelar un sentido con varias formas de creación y enseñarlo a la persona que está soñando. Las formas de creación contienen a menudo ya un aspecto del sentido o dan indicaciones para identificarlo.

2. En la vida real podemos crear un mensaje de muchas maneras. También la creación de sueños actúa con tal riqueza. En la vida como en el sueño podemos considerar lo que el sueño quiere informar y como lo hace: Algo embarazoso, desagradable, doloroso etc.

3. Experimentamos en la vida como en el sueño imágenes y escenarios que enseñan al hombre cómo el valor está en lo que vive y crea. Pues la vida también es una representación del hombre.

4. Podemos y a veces tenemos que variar el punto de vista tanto en los sueños como en la realidad. Así recibimos un sentimiento lo que puede significar. Elaborar un sueño no solo es interpretar los símbolos, sino poner en partes los elementos de la estructura en sus formas de creación. Esto quiere decir que hay que identificar y clasificar el significado (sentido) según la micro estructura.

5. Si hay algo absurdo, sin sentido, tonto o caótico, ya es un aspecto del sentido.

6. Las formas de representación dan una orientación para la interpretación: Indican lo que hay que hacer con la imagen y como hay que verla. Se puede reconocer una dirección del sentido. A veces el sentido se halla en la reacción espontánea a una representación especial. La imagen misma dice por ejemplo que algo está inclinado, que hay que descomponer y recomponer algo. En todo caso las formas de representación dan una ayuda de orientación para encontrar su posición en una cuestión.

8. Los mensajes de los sueños

El sueño como 'vía regia' al inconsciente

Esta tesis que afirma que un sueño es la vía regia al inconsciente tiene cien años ahora. Pero dentro de la psicología profunda todavía no hay acuerdo sobre lo que de verdad es el inconsciente. En su época, el inconsciente significaba la realidad interior de las pulsiones, de las fuerzas naturales (instintos) y de los deseos suprimidos. Luego, en el curso de la historia del psicoanálisis ampliaron más y más en contenido de este inconsciente con varios temas. Mencionamos: Los complejos, es decir la constelación conflictiva entre la pulsión y el yo, entre deseo y realidad, entre pulsión y superyó, entre ganas y escrúpulo, de las figuras genealógicas destructivas y enfermas, de experiencias dolorosas (traumáticas) de la infancia y hasta los golpes del destino no elaborados. Hoy incluyen en el inconsciente también la biografía entera desde el tiempo prenatal.

Los expertos están de acuerdo en que muchas de estas fuerzas mencionadas arriba tienen un efecto inconsciente. Se puede decir que el yo no reconoce este efecto. 'Inconsciente' significa aquí 'sin saber'. El yo podría saber mucho de esto si mirara bastante profundamente. Algo de esto el yo lo sabía, y luego lo expulsó. Son casi siempre experiencias de vida e imágenes sobre la vida. El efecto sutil de las fuerzas naturales y de la pulsión, además de las necesidades psicológicas y naturales se reconocen solamente con una contemplación concentrada. Mucho de esto es simplemente casi no 'palpable'. Pues algunas fuerzas actúan indirectamente, de forma desplazada o sublimada.

No podemos localizar este inventario en un 'pote'. Naturalmente este material está en la memoria o es de naturaleza biológica. (Una diputación crítica con el termino 'inconsciente' y un nuevo concepto se encuentra en el libro "La empírica de la individuación").

➢ El inconsciente significa en primer lugar aquel material en la memoria que tiene una importancia emocional. Es siempre un material imaginativo.

➢ En secundo lugar el actuar de las fuerzas naturales y de la pulsión, de las necesidades psíquicas y físicas básicas forman parte del inconsciente.

Hay que mencionar críticamente que el psicoanálisis describe el inconsciente bastante oscuro, por ejemplo: "El inconsciente es un ser natural amoral.", "El inconsciente actúa destructivamente.", o "El inconsciente es impulsivo". Tales conceptos son en varios puntos engañosos. Primero, habrá que definir lo moral y lo inmoral. Luego tendríamos que preguntar lo que significa el "ser natural". La multitud de lo que es inconsciente, no podemos determinar como "ser natural". Y finalmente no es el inconsciente, sino una fuerza o una pulsión, formada inadecuadamente que actúa destructivamente.

Dicen además que en el inconsciente gobierna el principio de gana y desgana (o el placer). Ciertamente en general no tiene validez. Es la dinámica energética, cargada de sentido de todo inventario del inconsciente, que es la fuerza que actúa y domina. Raramente dicen en la literatura que también las imágenes positivas actúan en el inconsciente, y esto no simplemente por el principio del placer. Luego hay una tesis que expone que el sueño es el lenguaje del inconsciente y que podemos explotar el inconsciente solamente a través de los sueños y de los síntomas (también a través de los chistes y de actos fallidos). Cuanto más determinamos claramente el contenido del inconsciente, tanto menos cierta es esta tesis. Además: Hay mucho en los sueños que es del todo consciente al yo. Las características del espíritu nos indican plenamente una u otra dirección de la lengua de los sueños.

Una nueva definición del inconsciente

➤ En un sentido estrecho el inconsciente contiene todo el inventario biográfico desde el tiempo prenatal, sea conflictivo o no, y además todas las fuerzas de pulsión naturales.

Este inventario consiste en imágenes que tienen una importancia emocional. A grosso modo hay cuatro grupos de material inconsciente, imágenes sobre los hombres y sobre la vida, prototipos generales que contienen un valor (actitudes, ideales, creencias) y el grupo con las leyes, prohibiciones y su sanción.

➤ En el sentido más amplio clasificamos al inconsciente como todas las fuerzas básicas del organismo psíquico, por lo tanto, no son percibidas y no son conscientes. Son las necesidades psíquicas, la fuerza del amor, las funciones de la inteligencia, los mecanismos de defensa y la dinámica de la integración, los sentimientos y el actuar del espíritu por los sueños, la meditación y la intuición.

Con esta determinación está claro que el sueño no es el puente entre el consciente y el inconsciente. Un sueño tampoco es en principio una expresión de conflictos conscientes o inconscientes. Y finalmente es muy confuso cuando dicen que el fin central de los sueños es corregir y curar. Esta tesis se basa en un status determinado del inconsciente trastornado, conflictivo y enfermo. Pero los sueños contienen un potencial enorme, nuevo y positivo, de fuerzas de curación, de valores psico-espirituales, por una parte, sobre toda la biografía y por otra parte creada de nuevo desde la energía de vida y del espíritu.

Hay que destacar especialmente lo que tenemos, finalmente, que poner en el centro de cada trabajo psicoanalítico: ¡En el inconsciente no sólo hay cosas peligrosas, enfermas, infantiles, negativas, horribles, suprimidas y confusas!

➤ En el inconsciente también hay muchas fuerzas positivas y buenas que tenemos que coger en el consciente en tanto que los temas críticos.

El que no cuida, protege y promueve lo positivo y lo bueno en sí mismo, pierde mucho de todo esto. La vida nos enseña: Lo bueno no crece por sí mismo automáticamente. En ninguna parte demandan y favorecen lo positivo y lo bueno. El amor, la veracidad y el espíritu no tienen ninguna fuerza eficaz en la vida social, al contrario. Aún cuando una persona tiene que experimentar mucho sufrimiento trágico, tenemos que descubrir lo bueno y lo que tiene de valor en su biografía. Hay que sacarlo del inconsciente y fortalecer estas muestras de imágenes como aquel material que está formado inadecuadamente.

La energía psíquica del inconsciente

El inconsciente contiene algún inventario más. Es sabido que el inventario en la memoria que tiene una importancia emocional, es activo o se puede activar de forma psico-energética. Por eso todas las fuerzas naturales y de pulsión, también las necesidades básicas, contienen una energía psíquica.

➤ La característica especial del inconsciente no es su contenido, sino el actuar energético del inventario, de las fuerzas naturales y de pulsión, y de las necesidades psíquicas y físicas.

El inconsciente recibe su importancia cuando un contenido y una fuerza básica natural o psíquica ponen en activación su energía psíquica, sea promoviendo la vida, sea cohibiendo o sea destruyendo la vida. Y esta energía psíquica no está en el cerebro. Es como una materia transcendental en el hombre que radia desde dentro del cuerpo físico hacia fuera. El inconsciente es, comprendido como un espacio justamente, este cuerpo energético activo o activable.

De este hecho que las fuerzas inconscientes actúan psico-energéticamente, podemos concluir que el ser humano interior es un sistema energético complejo. Este sistema de energía es inconsciente para el hombre en su mayoría, es decir el hombre no lo conoce.

Para concluir podemos decir sobre el actuar energético del inconsciente:

➢ El contenido del inconsciente puede activar su energía psíquica en todo *el espectro de efecto*: útil, favorable, cohibiendo y destruyendo.

➢ El inconsciente en su totalidad actúa psico-energéticamente para el hombre como un *programa de código*. El presente y el futuro se basan forzosamente en esto.

➢ Cuando el contenido del inconsciente está formado inadecuadamente para la vida, estas *formaciones inadecuadas* actúan según su energía psíquica, es decir dañan al hombre y a su vida, y por fin también al colectivo.

(Los métodos de identificar y tratar esta realidad energética están descritos en: "Sueños. Imaginación. Energía psíquica." Y en "El proceso de la individuación".)

El sueño como 'vía regia' para el ser humano

Los sueños ofrecen la oportunidad única y no reemplazable por nada de reconocer y de transformar el inventario de imágenes formado débil o inadecuadamente, las fuerzas psíquicas básicas que actúan de manera desconocida, y las fuerzas naturales y de pulsión formadas de forma que cohiben. Esta nueva formación (transformación) no se termina con la interpretación de los sueños, sino empieza con esto. Pero aún más: En este proceso y formación podemos y debemos coordinar las diversas fuerzas del organismo psíquico. Al mismo tiempo hay que formar todas las fuerzas inconscientes para que actúen constructivamente. El que está dentro de este proceso puede constatar que las fuerzas mismas empujan hacia una totalidad equilibrada a todos los lados. La vivencia consciente de este proceso de formación que tiene la finalidad de una totalidad psico-energética y de su realización en la vida, revela al hombre más y más los misterios profundos del ser humano. El núcleo de esto es que el espíritu persigue este proceso y lo controla hasta la meta superior de la individuación.

➢ El sueño es la vía regia imprescindible y por nada reemplazable hacia un ser humano psico-espiritual hasta el nivel más alto del desarrollo, es decir de la individuación.

Los mensajes oníricos y su relación a la realidad

Ya sabemos que los sueños tratan de muchos temas. ¿Existe algo que no pudiera aparecer en un sueño? Cuando consultamos la literatura de los sueños, y cuando tomamos unos diez mil sueños de muchas personas, podemos constatar:

➢ El mensaje de un sueño puede contener todo lo que concierne el ser humano psico-espiritual y natural, y todo lo que rodea el hombre en el mundo.

Varias fuerzas psíquicas juegan un papel en cada situación diaria, en cada situación conflictiva y en cada proceso de despliegue. Todo esto lo podemos encontrar en los sueños. En los mensajes oníricos también se muestran fantasías, ideas, ilusiones, pensamientos filosóficos y religiosos, valores, expectativas y más. La vida onírica no pasa por alto estas disposiciones psíquicas. La manera rica de presentar estas disposiciones, de experimentarlas y de promover el proceso de formación (educación) es enorme.

- Todas las fuerzas psíquicas y todas las necesidades naturales y de pulsión, lo que sea su formación adecuada o inadecuada en un individuo, pueden formar parte de un mensaje onírico.

El hombre está en un mundo vital complejo con muchos segmentos e innumerables variaciones. Los sueños quieren ayudar al yo, a tratar los hechos de la vida hoy en día de forma constructiva, a encontrar enteramente su ser interno, y a realizarse en este mundo.

- Todo lo que rodea al hombre, en la cercanía y en la lejanía, puede ser un tema en un sueño. Los sueños pueden presentar al yo consciente toda la realidad de la vida que él tiene que elaborar, por lo tanto, que sea importante para la persona.

La multitud (riqueza) de las imágenes oníricas

Todas las teorías sobre la vida onírica y su interpretación se inician en los sueños. Para la interpretación uno saca una imagen onírica, un elemento onírico o una acción onírica del sueño entero y luego busca el campo de significado adecuado. Al final hay que reunir (recomponer) todas las unidades de significado en un conjunto. El resultado final se llama "interpretación del sueño". Y esto contiene un mensaje para el yo.

Pero vemos el proceso al revés: Tomamos la realidad del de ser humano y de la vida, y luego preguntamos: ¿Cómo podemos expresar estas realidades en imágenes y símbolos, en acontecimientos y acciones de forma onírica para formar un mensaje emocional y andragógico? En general podemos suponer:

- Principalmente todo el inventario real del ser humano y de su vida puede ser objetivo de un sueño y utilizarse como inventario onírico para crear el sueño.

Un problema simple en imágenes oníricas

Ejemplo: Un hombre tiene bastantes dificultades con su vida sexual. Él no puede dedicarse interiormente, está siempre cohibido y muchas veces tiene problemas de potencia. Siempre está sujeto a pensamientos autocríticos, controla curiosamente cada acción y movimiento íntimo.

Un sueño representaría esta situación quizá así: Una figura desconocida entra en el dormitorio mientras está haciendo el amor. La figura parece un hombre curioso, mentalmente un poco retardado.

Podemos interpretar este sueño así: Un aspecto de su personalidad desconocida (sombra) de este hombre molesta, cohíbe y bloquea sus acciones sexuales. Su pensar, su mente y su consciencia no pueden admitir positiva y enteramente la acción sexual con una mujer. Las actitudes cohíben para aceptar y vivir libremente su sexualidad y la de su partenaire. Por eso el hombre tiene un problema (en su mente) con su pulsión natural (sexual).

Podemos crear muchas imágenes oníricas que reflejan críticamente una situación tal como está, por ejemplo:

❑ Un controlador, un policía, un cura, un compañero sexual de una época anterior (no identificado), otro partenaire sexual (un ideal) está en el dormitorio.
❑ La ventana grande está abierta así que cada uno puede mirar dentro.
❑ La persona que está soñando está representado pequeño, feo y torpe.
❑ El juego sexual es monótono, aburrido, ambos participan poco interiormente.

- Lo hacen debajo de la manta para que ninguno pueda ver al otro nudo, y él no quiere tocarla a ella. Además, hace frío en el dormitorio.
- La pareja sexual es demasiado gorda o delgada, grande o pequeña, con acento activo y provocativo o pasivo y desconcertado.
- Naturalmente podemos esbozar un escenario onírico en donde viven la sexualidad creativa y con alegría.

De esto concluimos:

Para un problema real determinado se pueden crear varios escenarios oníricos y muchas imágenes. Unos acentos pueden aludir las causas y el enlace del entorno. Es ocioso preguntar por qué el sueño tiene justamente una y no otra forma de creación. El sueño es como es. Raramente encontramos en un solo sueño todas las causas y todos los aspectos relevantes de un problema. Probablemente nunca es así que un solo sueño represente todas las características de un problema. Podemos partir de que aún muchos sueños nunca revelan todos los aspectos de un problema. De verdad, es suficiente recibir la entrada en lo esencial, en cierto modo para hacer después una reflexión continua. La persona que está soñando es invitada a elaborar el tema real, partiendo del sueño y ampliándolo con sus reflexiones, sin limitarse a los componentes del sueño.

Esto significa para la interpretación de los sueños:

➢ Nunca o raramente los sueños revelan todos los componentes de un tema.

➢ Para el mismo problema hay muchas variaciones de imágenes oníricas.

➢ Un sueño inicia la entrada en un tema.

➢ El tema real no se acaba con la interpretación de un sueño.

Los problemas complejos en imágenes oníricas

Vamos esbozar un problema muy complejo de una persona:

Ejemplo: Un hombre está dentro de una crisis de matrimonio, una situación de desunión durante años y años. Tienen tres hijos en edad escolar. Desde el exterior vemos éxito: una casa unifamiliar, dos coches maravillosos, una posición profesional alta, un ocio variado, muebles caros y ropas de calidad muy alta. Ambas parejas no tienen ningún conocimiento psicológico y nunca se ocuparon de la introspección. El origen del hombre es una familia muy católica. Él quiere muchísimo a su madre, aunque la consideraba en su infancia enormemente severa y fría. La mujer tiene una buena educación burguesa, sin importante especialmente la religión. Después de las disputas ella busca y recibe consuelo en su padre. Ambos ven los sueños como tonterías. El marido quiere divorciarse porque no ve ninguna salida de las disputas fuertes y permanentes.

Sabemos que los sueños pueden ayudar en esta situación. Los sueños pueden analizar la situación, mostrar causas, indicar los bloqueos del desarrollo, poner sobre la mesa el material biográfico para una elaboración, preparar caminos de solución y fundar un nuevo futuro. Un solo sueño grande puede contener los temas claves con todas las causas importantes y la dirección de una solución. Pero en realidad el hombre tendría sueños con los segmentos del problema para elaborarlos sobre un largo período. Pues la mala situación matrimonial no ha llegado así de pronto de un día al otro, ha crecido subliminalmente durante años, tiene sus raíces en la biografía, en su infancia y juventud de ambas parejas. Concluimos que el camino de solución tardará también unos años.
Vamos a crear varias imágenes y escenarios que podrían ocurrir en los sueños de este hombre. Comprendemos estas imágenes como pequeños elementos de construcción en un proceso entero hasta la solución del problema. Podemos esperar:

- Varios sueños revelan los aspectos esenciales del problema.
- Unos sueños enseñan los mecanismos de defensa para reducirlos.
- Muchos sueños son necesarios para estimular el proceso de desarrollo.
- Los sueños señalan los cambios esenciales de la situación.
- Unos sueños animan y fortalecen el yo para que continúe este trabajo.
- Los sueños están en una sucesión razonable.
- Se preparan transformaciones y progresos en los sueños.
- Los copartícipes forman parte de varios sueños y de la elaboración.

Esta tarea de los sueños es verdaderamente una obra enorme. La situación del problema es muy compleja y todos los aspectos de la realidad y de las posibilidades del desarrollo se representan en una multitud grande de imágenes y de acciones oníricas.

Esto significa para la interpretación de los sueños dentro de la situación complicada:

➢ La interpretación de los sueños no puede elaborar todos los aspectos de una situación de una vez.

➢ La interpretación de los sueños tiene que realizar un enlace de sueños a larga distancia.

➢ La interpretación de los sueños incluye una ampliación con reflexiones psicológicas.

➢ La interpretación de los sueños tiene que considerar el procedimiento de la elaboración.

➢ La interpretación de los sueños tiene que respetar el conjunto complejo y la flexibilidad de todo desarrollo.

El espectro de los mensajes oníricos

Resumimos en frases cortas lo que hemos expuesto:

Los sueños explotan toda la vida interior, todas las fuerzas psíquicas, las fuerzas naturales y de pulsión, todos los comportamientos y todo el enlace del entorno real. Con cada ampliación del consciente y con cada paso de crecimiento en cualquier parte de la vida psíquica tenemos un nuevo punto inicial. La riqueza es enorme. Pero a pesar del cambio continuo del mundo el alma consiste todavía en el mismo organismo psíquico. Entonces los procesos de formación quedan en su esencia como eran desde siempre. Hay que formar y educar: El sistema de la inteligencia, los sentimientos, las necesidades psíquicas y naturales, el amor, el sistema del inconsciente (con el superyó, las imágenes humanas, el inventario biográfico y los complejos) así como el diálogo con el espíritu. El crecimiento psico-espiritual (individuación) es hoy en día en su estructura básica como siempre, solamente incorporado en otro mundo. Y finalmente hay que añadir: En este proceso cada uno experimenta lo religioso, lo espiritual, lo "santo" del ser humano.

Desde este punto de vista decimos: La teoría psicoanalítica sobre los sueños como vía regia al inconsciente es falsa y demasiado estrecho. Quiero ampliarla:

➢ Los temas básicos de los sueños son el organismo psíquico, las fuerzas naturales y de pulsión y todas las formaciones y desarrollos posibles.

➢ Los sueños abarcan mucho más que la vida psíquica inconsciente. La vida entera, personal y colectiva, puede presentarse como tema de un sueño.

> Los sueños también elaboran y responden las preguntas sobre el sentido de vida, sobre Dios y la transcendencia del ser humano, incluida la vida verdaderamente religiosa.

Indirectamente concluimos con esto que lo confuso en un sueño y lo que parece impenetrable en ningún caso significa que es solo una expresión de lo suprimido y de lo rechazado. Hay mucho en los sueños que a primera vista parece superficial y opaco. No tiene fuertemente algo que ver con defensa y resistencia. ¿No es el ser humano y la vida misma superficial, y en tanto que la gente no aprende nada sobre esto, también opaco? Podríamos tal vez decir: El hombre se defiende principalmente contra su vida psico-espiritual.

El ser humano en los mensajes de los sueños

Nos vemos a nosotros y a los demás en la vida diaria en varios puntos de vista. Estamos siempre en una transformación psíquica y real en nuestro estilo de vivir. Los mundos del entorno cambian continuamente. Es lo que encontramos de otra forma en los sueños:

- Pasado, presente, futuro, eternidad.
- Autoexpresión, atributos de la personalidad, carácter y las fuerzas psíquicas.
- Cuerpo, naturaleza, instintos, pulsiones, sexualidad como realidad y deseo.
- Comportamiento, modos de acción, comunicación, estilo de vivir y formas de relación.
- Temas biográficos dentro del curso de vida desde la procreación hasta la muerte.
- Cambios, transformaciones, desarrollo, despliegue y crecimiento, o estancamiento y regresión.
- Potenciales, Capacidades, aptitudes, metas y posibilidades de vida, y además algo como destino y vocación.

- Situaciones positivas, críticas y peligrosas, escenarios y acontecimientos de la vida.
- Dinero, bienes, objetos, materias primas, alimentos y accesorios de todo tipo para realizar la vida.
- El mundo, los pueblos y la sociedad con todo tipo de sistemas e instituciones.
- Enseñanza y educación de todo tipo y nivel, y además profesión, trabajo, puestos de trabajo.
- Formas de vivencia positiva y negativa de todo tipo en todas las situaciones que podrían ocurrir.
- Enseñanza y práctica en: espiritualidad y religión, esoterismo y transcendencia, moral y ética.

La psicología, la psicología profunda y la andragogía (educación humana) nos procuran hoy un conocimiento sobre todas estas realidades, sobre su educación y formación, y sobre su control como nunca en el pasado. Sabemos enormemente sobre todos los procesos de formación, sobre los múltiples trastornos y su posibilidad de cambio, sobre los miles de pasos pequeños hacia la "humanización" ("llegar a ser un ser humano") en nuestro mundo.

➢ El conocimiento de hoy nos ofrece un amplio repertorio para interpretar los sueños, para determinar su enlace y para utilizarlo con fin de educación humana.

Quiero sacar de esto los segmentos esenciales (elaborado sistemáticamente en el libro "Empírico de la individuación") y al mismo tiempo indicar unos hechos críticos. Cada vez voy a preguntar en qué forma estas realidades podrían expresarse en los sueños. Voy a mencionar unas palabras claves y me refiero a mis experiencias profesionales. Las listas pequeñas pueden servir de estímulo para reflexiones propias y ampliaciones.

El pensar y el valorar (juzgar) en imágenes oníricas

Los hombres por lo general piensan en fragmentos, a menudo basándose en informaciones falsas o pobres. Mucha gente juzga basándose en opiniones, prejuicios, según el espíritu de la época y con mucha falta de conocimiento. Los hombres no quieren aprender mucho usando su capacidad de pensar, controlan poco su percepción consciente.

Vida onírica: Con muchos escenarios de puede presentar que una persona piensa poco o que hay que pensar más sobre una cuestión. Un sueño puede simplemente enseñar esta cuestión, por ejemplo, dice: "¡Mira aquí! ¡Y piensa sobre esto!" Personas e instituciones, pero también segmentos de la vida social pueden expresar como ahí piensan y juzgan. Un sueño puede mostrar cómo piensan o juzgan las personas. Una percepción estrecha, en el sueño no poder ver o ver muy vago, es una base fundamental para pensar y juzgar. Conducir un coche con un cristal frontero mate es una imagen que enseña de qué modo ciego la persona conduce en la vida (sin pensar, sin percepción concentrada).

Los sentimientos en imágenes oníricas

Muchos tienen su vida emocional superpuesta a otros sentimientos del pasado y del presente. Raramente preguntan sus sentimientos. Cuanto más intensos son, tanto menos pueden controlarlos. El estado de ánimo y la vivencia existencial son enormemente ricos. Algunos opinan que pueden dejar correr sus sentimientos sin límite. El cuidado y el control consciente de los sentimientos no es la regla en nuestra sociedad.

Vida onírica: Es natural presentar un escenario emocionante. Lugares y paisajes pueden representar sentimientos. El yo tiene que experimentar en el sueño lo que produce un sentimiento. Así se encuentra el acceso a las causas y a los efectos. Evidentemente la música, el mundo de las plantas y de los animales activan un espectro amplio de sentimientos. Unos sentimientos pueden ser tan peligrosos como la agresividad de un animal salvaje. Las pesadillas y los escenarios de catástrofe enseñan drásticamente los efectos que ocurren, cuando una persona intensifica y vive excesivamente un sentimiento.

Las actitudes, las creencias y los ideales en imágenes oníricas

Cada uno incorpora actitudes, se forma sus creencias privadas, tiene ideales y creencias sobre Dios y la vida. Son muestras de vida ("prototipos") que actúan como orientación interior y como fuerza de control. Raramente la gente reflexiona profundamente sobre sus muestras. Muchas muestras de actitudes e ideales sirven para una vida abierta al crecimiento. ¿Quién se acerca de sus creencias políticas y religiosas en profundidad? El alma tiene sus propios valores, precisamente los valores del alma, y no los valores de nuestra sociedad materialista.

Vida onírica: La manera de presentarse es amplio: Personas conocidas, instituciones oficiales se refieren a creencias, ideales y creencias. Volar y caer, problemas con los dientes y la vivencia de algo muy humano revelan estas fuerzas de control interior. Innumerables imágenes que enfocan el contenido de estos prototipos, pueden enseñar como una persona se ajusta a su forma bruta no refinada. Los sueños absurdos y confusos casi siempre indican el absurdo y la confusión de muchas actitudes, creencias e ideales.

El amor en imágenes oníricas

El amor es una fuerza psíquica básica. El amor a sí mismo, a los demás, a la naturaleza y al mundo de los animales y al entorno vital está poco desarrollado. El amor a sí mismo, el amor a Dios y el "poseer para vivir con amor" casi no tiene formación espiritual en la mayoría de la gente. La experiencia del amor y todas sus desilusiones forman al hombre y su vida diaria. Palabras claves del amor son: Interés, consagración, aceptación, comprensión, cuidado, respeto, libertad interior, independencia madura, unidad y totalidad, también apertura para los valores positivos de la vida y para el sentido profundo de la existencia.

Vida onírica: Al actuar reconocemos este amor. Entonces los escenarios oníricos con un actuar propio o acontecimientos donde otros actúan enseñan como es la calidad del amor. Son escenarios que hacen consciente lo que significa el amor para vivir.

Las necesidades psíquicas en imágenes oníricas

Casi todos los aspectos están muy descuidados: Autonomía interior, autoexpresión, abrigo (seguridad), relaciones, veracidad, etc. Falta mucho de educación en: Auto-identidad como hombre y mujer, la vocación de vivir, el crecimiento hacia una totalidad, etc.

Vida onírica: Prisión e impedimento para progresar muestran la falta de autonomía y libertad. Las fachadas indican que detrás vive otro alguien. La pregunta "¿Quién soy yo realmente?" recibe su respuesta en figuras desconocidas, llamadas "sombras". Escenas llenas de oposiciones, tensiones y contradicciones pueden aclarar la falta de cumplimiento equilibrado de las necesidades.

Las fuerzas naturales y de pulsión en imágenes oníricas

El placer sexual y la proximidad física al otro sexo tienen tanta capacidad como parece. Los hombres no cuidan mucho: el cuerpo como organismo, la salud, la expresión corporal, la vivencia de la naturaleza y las pulsiones naturales. Los instintos están formados confusos: afán de posesión, de prestigio, de amor, de protección y de un propio distrito íntimo. Las ganas se expresas en varias formas, empujando y de manera agresiva. Apenas consideran: el cuidado, la protección y el fomento de la naturaleza humana.

Vida onírica: Es natural enseñar estas fuerzas naturales y de pulsión en imagenes de animales. Los animales domésticos representan valores cultivados de la naturaleza humana: Fidelidad, cariño, calor maternal, placer de vivir e instintos. El toro y varios animales más (ciertamente no todos) representan la fuerza sexual y el placer sexual. Escenas de vivencia muy directas muestran a menudo con mucho placer el comportamiento sexual, deseos y fantasías. Imágenes de la naturaleza, escenarios en el entorno de la salud y de la sexualidad nos aceran a nuestra naturaleza y hacen consciente el trato de esto.

La biografía y la edad de vida en imágenes oníricas

Desde la procreación hasta la muerte hay una larga serie de temas humanos básicos que están relacionados con los años de edad y el cambio de la persona. Ejemplos para la edad adulta son: Descubrir el mundo, ganarse la vida, tomar responsabilidad y crear el ocio. Con la edad media empieza la retrospección y la prospección. A los 50 muchos empiezan a contar los años que aún les quedan. Es razón suficiente para buscar su propio ser interior. ¿Quién se pregunta esto? Luego, hay que despertarse de los años de juventud y fuerza. Muchos ahora son abuelo y abuela, lo que significa despertarse del papel paternal y maternal. Con la jubilación empieza la tercera edad, al mismo tiempo en su mayoría una regresión total. La muerte se aproxima, pero en vez de ocuparse espiritualmente de la muerte, la suprimen con mucho miedo.

Desde el tiempo prenatal la biografía es el código inconsciente de la vida. En general la biografía es suprimida, es una biografía con muchos sufrimientos y con una actividad caótica, surge permanentemente del inconsciente. El inventario biográfico entero de un hombre desde el tiempo prenatal forma parte viva del hombre. La biografía está siempre presente. El hombre no solo tiene su biografía, sino él es su biografía viva.

Vida onírica: El inventario biográfico siempre es de naturaleza personal, a veces incorporada a un entorno de vida general. El sueño contiene este inventario, cosas antiguas y actuales mezcladas. Pues el inventario antiguo está vivo, en este sentido siempre es actual y controla al hombre en el presente. Encontramos escenarios de la vida vivida con imágenes claves sobre: Amistad, matrimonio, familia, sexualidad, formación y desarrollo profesional. Padres y madres tienen sueños de despedida cuando sus niños se marchan. Las personas más viejas despiden su vida profesional y tienen también sueños sobre nuevas posibilidades a su tercera edad. Algunos sueños en los últimos preparan a la persona para la muerte y con esto a la orientación de la eternidad del alma. Hay muchos símbolos sobre la despedida y la muerte. Despedirse de algo o de alguien, cruzar un puente grande, ir a un viaje largo y otros escenarios indican ambos, transformaciones y otros futuros.

Los complejos (conflictos interiores) en imágenes oníricas

Es usual que el hombre rechace sus sufrimientos y conflictos internos, ni son elaborados, ni son liberados. La neurosis, el narcisismo y el complejo de Edipo (Electra) tienen sus raíces en los primeros años de la vida. Sin liberación dominan toda la vida y bloquean cada desarrollo 'pionero'. Conflictos consigo mismo, con su sexualidad, con los demás y con la vida son con la energía de su presencia muy activos en el inconsciente. La energía de estos complejos empuja a la repetición continua en la vida actual. También aquí el inventario biográfico es lo esencial, aunque los elementos básicos de un conflicto pueden presentarse en símbolos generales. Frustraciones, experiencias traumáticas, trastornos neuróticos Frustraciones y sufrimiento interno en general se ocultan frente al yo consciente, son sólo indirectamente perceptibles. El hombre depende de estas fuerzas cuando no se esfuerza a encontrar el acceso.

Vida onírica: Los conflictos internos son, desde el punto de vista de la psicología profunda, a menudo muy complejos, así que es mejor que uno los revele en una estructura simple. En principio hay que desvelar su dinámica energética y su "esqueleto". A veces un tema clave representado por una persona o una condición ayudan los primeros pasos de acceso y de elaboración. Muchas escenas oníricas son posibles: Escenarios confusos sobre la sexualidad, el asesinato de la madre o del padre, un prototipo de madre que devora niños, un déspota dominando todo, un niño perdido etc. Todos los animales pueden representar aspectos de los instintos y de la pulsión, junto a escenarios llenos de peligro. Acciones criminales malvadas como la violación, el homicidio, las torturas y mucho más reflejan conflictos internos. Los "sueños grandes" contienen a menudo los componentes esenciales, incluido el camino de la solución.

Los sufrimientos en imágenes oníricas

Una enfermedad, un accidente, el inicio de una adicción pueden destruir todas las esperanzas y los planes de la vida. Las tormentas de la vida pueden barrer los sentimientos cariñosos del amor. Así la vida a menudo se transforma sólo por casualidad en un drama. Los choques psíquicos de la infancia efectúan como un fundamento del futuro. Forman la vida hasta que estén elaborados y liberados. Todos los acontecimientos dolorosos forman al hombre y su vida. Las primeras señales de una enfermedad las encontramos en los sueños. Pero los sueños reflejan no solo enfermedades serias, sino reacciones de estrés y la angustia de vivir.

Vida onírica: Imágenes del entorno del médico, del hospital, de una operación, de remedios, de adicción y de sufrimiento. Todo el campo de las causas posibles de una enfermedad psicosomática se muestra en figuras, escenarios y acontecimientos de la biografía, también en fuerzas formadas con expresión minusválida o confusa. Las escenas muestran a donde llega una situación dolorosa cuando uno no emprende nada en su contra. Las enfermedades se representan a veces como animales voraces y destructivos o aparatos que no funcionan más. Una vivencia corporal puede indicar una enfermedad. El estrés se expresa a menudo en escenarios ajetreados sin sentido y acciones ciegas, perseguido de figuras burlonas, inquietantes o de animales salvajes.

Las acciones diarias en imágenes oníricas

Hay trivialidades en la vida diaria que no importan mucho al espíritu. Ciertamente no tiene manía de criticar. Pero muchos comportamientos diarios pueden ser motivo para un sueño: El hablar a los demás, el engaño en la vida de los negocios, la falta de interés en los demás, la credulidad, la creación superficial del ocio, un manejo de vida caótico y sin reflexión y mucho más. Muchas acciones producen problemas, conflictos y dificultades. Motivos suficientes para crear un sueño son, por ejemplo: un estilo de vida desordenado, un cuidado superficial de las relaciones y un trato rígido de situaciones sensibles.

Vida onírica: Muchos comportamientos producen "accidentes". Imágenes para un comportamiento problemático son, por ejemplo: gente vertiginosa, "ciegos", ladrones, gente desastrada, animales agresivos y figuras horribles. Una acción onírica que parece absurda refleja en su absurdo el valor del alma de un comportamiento real.

Las potenciales y las oportunidades en imágenes oníricas

Forman parte de la realización de la vida: Dinero, bienes, objetos de valor, comida y útiles de todo tipo. La vida se mueve entre pobreza y riqueza. El dinero es un factor decisivo, determina la vida de cada uno. En la vida diaria cada uno tiene que ocuparse con varios temas alrededor del dinero: Consumo, obligaciones materiales, control del dinero y preocupaciones de dinero.

Las potenciales y las oportunidades para vivir son también: Fuerzas de vida, capacidades de vivir, capacidades de superación, disposiciones, talentos, intereses y capacidades aprendidas de todo tipo. Cada uno tiene sus potenciales y se pone sus metas de vida. Él que toma su vida en serio, busca su vocación interior, quiere crearse su destino conscientemente. El atributo de la personalidad y el carácter entero contienen potenciales para vivir. La formación y el cambio de la identidad propia forman parte del proceso básico de la madurez. Los procesos de madurez y de transformación se reflejan en los sueños. Palabras claves son: Cambio, desarrollo, despliegue, crecimiento: y frente a esto: estancamiento y regresión. Todo esto sirve como potenciales y oportunidades para vivir.

Vida onírica: El potencial puede presentarse en varias imágenes: Figuras con una expresión clara indicando acciones valiosas; Personalidades de la vida común con aspectos de tareas y responsabilidades; Personas que reflejan el ser hombre y el ser mujer, el ser padre y el ser madre; Un niño que tiene todas las posibilidades en su futuro; Objetos valiosos, piedras preciosas e imágenes del entorno de los bancos (institutos financieros); Símbolos arquetípicos de la transformación y de la totalidad. Útiles e instrumentos de música indican talentos no utilizados. El dinero es un factor condicional para cualquier realización también en los sueños. Las imágenes que muestran fuerza y solidez, poder y conocimiento, indican potenciales.

Las relaciones en imágenes oníricas

Las relaciones más importantes son las amistades, las relaciones amorosas, el compromiso matrimonial, el matrimonio y en su caso tener propios niños. Cada uno tiene en su vida una u otra forma de estas relaciones. Cada relación sincera contiene también crisis y conflictos, pero también: Felicidad y mala suerte, alegría y dolor, amor y odio, construcción y destrucción de un vivir juntos y de un futuro común.

Vida onírica: Son en general escenarios reales que reflejan la relación viva y el vivir común de los compañeros, imágenes con disputas y conflictos, de abrazo y amor sexual, de preguntas contemplativas como, por ejemplo: "¿De qué me sirve esta relación?" El amor y la honradez se muestran con escenas y acciones en contradicción de las fuerzas (psíquicas). En la vida real y la presentación onírica se mueven todo tipo de complejos.

El mundo laboral en imágenes oníricas

Los temas básicos son: Formación general, elección de la profesión y su formación, mundo laboral, puesto de trabajo actividades, formación continua, y carrera. Un paro de larga temporada no produce una vida buena, destruye muchas posibilidades y su desarrollo.

Vida onírica: Encontramos muchas imágenes en los sueños: Colegios, academias y universidades, profesores y sacerdotes enseñando, libros y folletos, ordenadores y útiles de trabajo. Los escenarios reales alrededor del paro y de la búsqueda de trabajo contienen la lucha para conseguir soluciones. Las figuras representan fuerzas impidiendo y promoviendo actitudes, hábitos eficaces y potenciales. Los puestos de trabajo en toda su variedad forman el escenario onírico. Algunas imágenes enseñan que esfuerzo y rendimiento son imprescindible para el éxito.

Los escenarios de la vida en imágenes oníricas

Ya sabemos que la vida nos dirige a veces hacia situaciones positivas, críticas o peligrosas. Hay experiencias que influyen enormemente en la vida psíquica: Son temas alrededor de la mentira y de intrigas, de explotación, de engaño, de poder y de arrogancia etc. Una red a veces muy seductora de seguros y ofertas bancarias empujan muchos al borde de su existencia. Mucha gente anda en una caminata en una cresta y vive dentro de los "pecados mortales", hoy en día celebrados altamente: Soberbia, envidia, avaricia, adicción de placer, furia, ignorancia, pereza, superficialidad, velocidad y falta de espíritu. También las catástrofes ambientales y las guerras producen un escenario muy grave de la vida.

El alma vive en un mundo construido, organizado y habitado. El mundo de la naturaleza y de los animales forma parte de nuestro entorno. El entorno es una parte muy importante de nuestra vida. Vivimos en una comunidad humana con gente de todo tipo de pueblos. Necesitamos servicios de la sociedad con muchos sistemas e instituciones. Estos mundos de vida son una expresión y (parcialmente) una necesidad de nuestra vida humana, creada de forma que sea.

Vida onírica: Podemos nominar todo tipo de lugares, por primero el entorno vital: Casa y sus habitaciones, pueblo, ciudad, calle, tiendas, plaza deportiva, estación de tren, burdel, iglesia, escuela y sus salas, fábrica, patio trasero, sala de congreso, etc. El entorno más amplio y general representan los mundos de la naturaleza: Pradera, selva, lago, arroyo, río, montañas y paisajes, zonas con cierto clima, etc. A veces encontramos en los sueños las instituciones de servicio para la vida diaria y departamentos oficiales.

La espiritualidad y la religión en imágenes oníricas

Algún día cada uno se pregunta sobre la religión verdadera. La gente busca la respuesta en la iglesia, en enseñanzas y prácticas espirituales, en el esoterismo y la transcendencia, en la moral y la ética. Preguntas sobre la fe y sobre el sentido no son un lujo, pues tocan el ser del alma. La mayoría de la gente no sabe nada sobre los valores espirituales básicos, sobre la ligadura a la fuerza espiritual como orientación y regla. Pocos conocimientos tienen los hombres sobre lo que es el crecimiento psico-espiritual entero como proceso de aproximación a Dios y su espíritu, a la transcendencia.

La cuestión de la eternidad del ser humano no es solamente una ceremonia de la iglesia. ¿Es el fin o seguimos viviendo después la muerte? Con ideas abstrusas algunos intentan arreglarse con el carácter efímero de su existencia.

Vida onírica: Ciertamente el espíritu sabe mejor lo que está realmente vivo y tiene origen en la vida religiosa, la enseñanza y la práctica de la iglesia, de una institución esotérica o espiritual. No debemos tomar una práctica religiosa en un sueño tal como se presenta. Algunas presentaciones críticas sirven al fin para hacer preguntas, sobre todo en asuntos tabúes en la institución de la iglesia. Portadores reales del espiritual son: una figura sabia, un arquetipo de la totalidad (circulo, globo, circulo-cruz-Mandala), el símbolo del Grial, casi todo el simbolismo cristiano (pez, lechuza, santos, luz, vela y mucho más), figuras cristianas (como ideal y mediador). El encuentro con muertos puede guiarnos a la eternidad del alma, la vida después de la muerte. Una visión del astro, un viaje al universo, un espacio 'santo' o el 'fuego eterno', el punto superior de la tierra y otras imágenes nos ponen al borde de la transcendencia.

El enlace con el mundo en imágenes oníricas

En una visión general sobre las realidades del ser humano y de la vida reconocemos: Un sueño coordina la relación con la realidad de forma multidimensional, es decir el enlace incluye todo tipo de imágenes, acciones y acontecimientos.

Él que sabe poco o nada sobre la vida psíquica, está muy limitado en la interpretación de sus sueños, los que se refieren a todos los aspectos psíquicos. El peligro del autoengaño y de una simplificación excesiva es grande. Es obvio que el conocimiento vulgar sobre la psicología y la vida siempre influyen en la interpretación. Una persona con poca disposición (abertura, ganas) de aprender en su vida tiende más a fijarse a su conocimiento modesto.

La apertura hacia todo lo que uno no sabe es una precondición para reconocer el enlace entre los sueños y la realidad. Lo que uno no sabe, sólo puede verlo cuando está listo para percibir y ampliar su conocimiento.

Para la interpretación de los sueños podemos concluir:

➢ El mensaje de un sueño siempre está en un segmento de la vida.

➢ Los segmentos de la vida permiten el primer paso para separar y clasificar.

➢ Cuando el tema clave está identificado, la interpretación mejora en su precisión.

➢ El fin andragógico de todos los mensajes oníricos es: El ser humano y su vida.

Puntos para recordar:

1. La realidad onírica puede contener todos los temas que afectan al ser humano y el entorno vital en su realidad.

2. Lo que ocurre en cada fase de vida - pasado, presente, futuro -, pueden aparecer en los sueños.

3. Las imágenes que encontramos en los sueños en una forma que no existen en la realidad, se relacionan a la vida psico-espiritual.

4. La creación de los sueños es principalmente multidimensional y flexible, siempre al corriente de lo que pasa actualmente en la situación psíquica y real.

5. Aunque una misma cosa real o psíquica puede presentarse con diversas imágenes oníricas como portadores de significado, el espacio libre es limitado. La concordancia es el criterio decisivo de una coordinación entre imagen onírica y realidad, es decir la coordinación correcta entre contenido y sentido, entre imagen y realidad, entre acción o acontecimiento y realidad.

6. El espectro de un mensaje onírico es enorme, rodea los temas: Pensar y juzgar, sentimientos, actitudes, creencias, ideales, amor, necesidades psíquicas básicas, fuerzas naturales y de pulsión, temas básicos de la biografía y de la edad, complejos, conflictos, acciones diarias, potenciales materiales y psíquicos, relaciones y sexualidad, el mundo del trabajo, escenarios vitales y también espiritualidad y religión.

9. La interpretación multidimensional de los sueños

Aprender a interpretar los sueños

En este capítulo nos dedicamos a los pasos prácticos de la interpretación de los sueños. Hemos elaborado con los primeros ocho capítulos los fundamentos. Con ellos hemos aclarado las diversas dimensiones de la interpretación: Soñar es un proceso vitalmente importante. Con una clasificación aproximada recibimos una primera orientación: Le espíritu es la fuerza que crea los sueños con fin andragógico. Las características de las imágenes y los símbolos indican el campo de significado. La concordancia de la interpretación determina el sueño mismo. La arquitectura señala la importancia y permite la limitación del campo de significado. Las formas de creación dan una orientación para tratar las imágenes oníricas. Los mensajes oníricos pueden contener todo lo que consiste el ser humano y su vida.

Todo lo que se atribuye a la persona, es decisivo en cada interpretación de los sueños. En realidad, exageran mucho en algunos libros cuando pretenden que *solo aquella* interpretación vale que la persona que está soñando, pueda ella misma aceptarla. Hay que indicar que la defensa y la falta de comprensión, ignorancia moral y trastornos neuróticos graves limitan enormemente la competencia de una persona y su aportación.

Las instrucciones prácticas se fundamentan en la arquitectura de los sueños, en las formas de creación y en el concepto de los símbolos. Podemos elaborar un sueño corto y simple con unos pasos. Un sueño complejo con varias secuencias necesita algunos pasos de trabajo en el enlace. El enlace de las imágenes singulares con la realidad es tan importante como su búsqueda del significado.

Hemos desarrollado los pasos para aprenderlos auto-didácticamente. Aquí se describe lo que luego con unos ejercicios se reúne poco a poco. Trabajando solo en casa o con un asesor en su consultorio los pasos se desarrollan más vivamente y con más flexiblidad. Es parecido a la autoescuela. Al inicio uno aprende cada movimiento, cada variante de conducir en pasos pequeños, aprende a conocer la teoría, las normas y los pasos de acción. Luego se hace a la práctica.

Por un lado, uno puede desear un sueño sobre un tema determinado. Esto se llama "inducir sueños". Por otro lado: ¿Por qué forzar? Lo que es adecuado, importante y actual surge ciertamente en el momento correcto. Sentencias como "Utiliza el poder de los sueños", "Influye en tus sueños" o "Dominar y controlar sus sueños" provienen de la feria barata. No tienen nada que ver con el espíritu.

➢ En la vida hay que ejercer todo, pero primero hay que aprenderlo en pasos pequeños. Algún día la interpretación de los sueños se desarrollará casi automáticamente. Pero esto puede tardar dos o tres años.

Las tres fases de trabajo práctico de la interpretación

La interpretación multidimensional de los sueños contiene las siguientes fases de trabajo y de dimensión:

1ª Fase de trabajo: La interpretación en el fondo

❑ *Documento del sueño* con vivencia, arquitectura y formas de creación.
❑ *Imágenes claves* y símbolos (con acciones, acontecimientos escenarios etc.).
❑ *Yo onírico*: Posición y formas de expresión.

- *Ideas espontáneas*: Reacciones reales, interpretativas y espirituales.
- *Consternación*, que ocurre espontáneamente con las ideas y preguntas.
- *Interpretación entera*: Composición de las partes de la interpretación.
- *Consecuencias*: Cada interpretación tiene en cierto modo consecuencias personales

2ª Fase de trabajo: Poner preguntas sistemáticas y directivas

- Elaboración ulterior con *preguntas sistemáticas* sobre: Personas, acciones, acontecimientos, naturaleza, mundo de los animales, objetos, escenarios, lo misterioso, temas singulares.

3ª Fase de trabajo: La elaboración psicológica y práctica

- Elaboración ulterior con *relación psicológica*: Las acciones. El psico-dinamismo. El yo y sus funciones de ayuda. Los rendimientos de la inteligencia. Los sentimientos. Las necesidades. El inconsciente, La espiritualidad. El amor. El proceso de la individuación.

A continuación, presento la exposición detallada.

La primera fase de trabajo: Los 12 pasos de la interpretación

Dividimos la interpretación de los sueños en 12 pasos:

1º Paso: Abarcar de un vistazo la arquitectura

El documento del sueño está listo.

- ❑ Se trata de un sueño corto.
- ❑ Se trata de un sueño largo. Hay que identificar sus secuencias, y luego trabajar con cada secuencia.

Los siguientes pasos tienen importancia para un sueño corto y para cada secuencia singular.

Resultado: Ahora está claro el volumen de la interpretación. Cuanto más complejo es un sueño, tanto más costosa es su interpretación que se hace paso por paso.

2º Paso: Identificar las imágenes claves

Las imágenes claves no se refieren a cada pequeño elemento, porque éstos tienen una importancia obvia en el sueno. Las imágenes claves rodean los grupos del tema:

- ❑ Personas
- ❑ Acciones
- ❑ Acontecimientos
- ❑ Naturaleza
- ❑ Mundo de los animales
- ❑ Objetos
- ❑ Escenarios
- ❑ Lo misterioso
- ❑ Temas singulares

Resultado: Las imágenes claves están clasificadas y agrupadas. Forman el enlace para la búsqueda del sentido y del mensaje.

3º Paso: El yo onírico y su posición

El yo onírico mismo tiene una función clave. A partir de él podemos sacar muchas conclusiones sobre la persona. Los aspectos importantes del yo onírico son:

- ❑ El lugar. La posición.
- ❑ El estado de ánimo. La fuerza de la expresión.
- ❑ La capacidad de integrar (lo que ocurre).
- ❑ La capacidad de actuar y de superar.
- ❑ La defensa y la resistencia.

Resultado: La imagen clave está puesta con relación a la persona y con esto la interpretación es ampliada.

4º Paso: Las ideas espontáneas y la consternación

Al inicio hay que reconocer y diferenciar exactamente:

- ➢ La imagen contiene un **contenido de experiencia personal**. Las ideas espontáneas esbozan el campo de los significados, al menos su tendencia.
- ➢ La imagen contiene un **significado general**. Con la asociación libre podemos perfilar su contenido de sentido general. Luego se puede aprovechar del diccionario de símbolos que ayude a limitar el significado.
- ➢ La imagen contiene un **significado arquetípico**. Primero hay que buscar dónde y cuando esta imagen ha aparecido en la vida real. Luego hay que esbozar por medio de la asociación libre una idea general del significado. Finalmente buscamos en el diccionario de símbolos para ampliar y/o corregir.

Siempre es importante poner la idea espontánea y el campo de significado en relación con la realidad. Las preguntas son: ¿Qué ha pasado el día anterior? ¿Unos días antes? ¿En tiempos anteriores? ¿Hay algo actual en la vida presente, por ejemplo: acciones, acontecimientos, hechos, pensamientos, sentimientos o fantasías?

El trato profesional de la interpretación de los sueños enseña que con la búsqueda de ideas espontáneas ya surgen automáticamente preguntas. Estas preguntas espontáneas, que no siempre son expresadas, dirigen sin darse cuenta las ideas espontáneas. Así se forma un primer enlace con la persona y su vida. Con el desarrollo de este enlace clarificamos la consternación: ¿Por qué yo he soñado esto justamente ahora? ¿Qué es? ¿Qué tengo que ver yo con esto? ¿Por qué esto es tan confuso? ¿De dónde conozco esta persona? ¿No es el lugar donde yo en aquellos tiempos...? ¿Pero, me parece...hace tres años había algo en este contexto...? ¿Adónde llega este tren? ¿Tengo que decir algo en este contexto? ¿Porqué me comporto de manera tan amoral? – Con estas preguntas activamos las ideas espontáneas y eso es en esta fase suficiente, es decir que no hay que desarrollar más estas preguntas. Después de la interpretación de los sueños podemos ampliar la interpretación con preguntas sistemáticas y directivas, y esto sirve luego para construir el enlace entre el tema onírico y la persona y su vida. Esto lo desarrollamos dentro de la segunda fase ("hacer preguntas").

➢ Ahora podemos determinar el campo de los sentidos. En el caso más simple tenemos ahora un solo y claro significado. Naturalmente la descripción verbal contiene en su mayoría varios aspectos que rodean un sentido. Es evidente que podemos describir muchos sentidos con muchas palabras. Los pequeños matices verbales soportan la comprensión de lo que a veces resulta muy importante.

Resultado: Ahora tenemos para una imagen clave la descripción de su campo de sentido.

5º Paso: Valorar (controlar) la concordancia

Identificar y determinar la vivencia de una imagen clave en diversos momentos. Para esto echamos una ojeada en momentos pasados:

➢ Considerar la vivencia en el sueño.
➢ Incorporar el estado de ánimo y las reacciones físicas eventuales justo después del despertar.
➢ Adjuntar la vivencia emocional duradera durante el día, incluidas las reacciones físicas eventuales.

Desde estos tres momentos de vivencia podemos formular los sentimientos básicos medios.

➢ Contemplar el resultado del 3er paso (yo onírico y su posición). Anotar esta vivencia.

➢ Comparar la vivencia del campo de sentido esbozado con la media vivencia del sueño. Esta comparación aclara si hemos cogido el campo de significado correcto.

En algún caso hay que corregir o precisar el campo de los sentidos. En todo caso es útil determinar el campo de sentido con la vivencia emocional.

Resultado: El campo de sentido ahora está formulado equilibrado con la vivencia multilateral.

6º Paso: La diferenciación del campo de sentido (corrección)

Esto lo conseguimos con unas preguntas:

➢ ¿Es razonable la formulación? ¿Se puede hacer algo con el significado?
➢ ¿Tiene el sentido determinado un contenido real? ¿A qué realidades corresponde el significado?
➢ ¿Es equilibrada la exposición verbal, o demasiado vaga, o demasiado polarizada?
➢ ¿Podemos ampliar el sentido con otros elementos pequeños del sueño?
➢ Cuando hay varias imágenes claves: ¿Resultan combinaciones (enlaces) razonables y manejables?

La respuesta a tales preguntas lleva a veces a una corrección, diferenciación o ampliación del significado determinado.

Resultado: El significado de la imagen clave está determinada ahora.

7º Paso: El procedimiento integrador con varias imágenes claves o secuencias

Hay que repetir con cada imagen clave los pasos de trabajo del uno al siete.

Resultado: Todas las imágenes claves son identificadas y cada una es interpretada.

8º Paso: La interpretación total

Una vez determinado el campo de sentido de cada imagen onírica con ideas espontáneas y su primer enlace, y además reconocida la posición y el estado del yo onírico, podemos determinar la interpretación entera. El espacio de los sentidos del conjunto ponemos ahora en una relación con la persona soñando.

Para la interpretación del conjunto recibimos una orientación y ayuda con los siguientes aspectos:

❑ La función de los rendimientos del sueño
❑ La característica de la imagen
❑ La arquitectura
❑ Las formas de creación

Además, hay que añadir las conjunciones del enlace: cuando, luego, pero, porque etc. El procedimiento de las acciones y la sucesión de las secuencias dan una orientación sobre el modo adecuado de reunir los campos de significado. Al mismo tiempo se produce automáticamente una conexión cuando relacionamos las unidades de sentido.

Poniendo juntos las unidades de significado hay que considerar:

- ➤ Elementos de la situación
- ➤ Causas
- ➤ Condiciones
- ➤ Efectos
- ➤ Perspectivas futuras

Resultado: El sueño es enteramente interpretado con todas sus imágenes oníricas.

9. Paso: Determinar (formular) las consecuencias

Cada mensaje no sólo es simplemente un mensaje, sino que tiene una función andragógica. Es decir que el mensaje contiene siempre un requerimiento a la persona. Por lo tanto, la interpretación de los sueños siempre llega al final a consecuencias personales. A esto algunas perspectivas:

- ➤ Autoconocimiento: Ampliar el consciente sobre sí mismo.
- ➤ Conocimiento humano: Ver a los demás como son y/o pueden llegar a ser.
- ➤ Conocimiento de vida: Así es la vida. Ampliar el punto de vista realista.
- ➤ Cambio: Carácter, actitudes, creencias, prototipos de actuar etc.
- ➤ Decisión Hay que tomar decisiones.
- ➤ Acción: Es imprescindible actuar ahora, tomar las consecuencias en la realidad.
- ➤ Orientación futura: ¿Es deseable la prospectiva esbozada?

Resultado: El trabajo de la interpretación de los sueños ahora ha terminado.

10º Paso: El enlace de los sueños

Soñamos sobre los temas esenciales en un periodo largo. Las mismas imágenes claves vienen en variantes similares o nuevas. Por esto tiene sentido hojear cada seis meses el diario de sueños, resumir el desarrollo importante y valorar este desarrollo en sus temas singulares.

Resultado final: Se realiza una orientación para cómo se desarrollan los temas y donde se localiza la persona en su desarrollo.

11º Paso: Realizar las consecuencias en la vida

La interpretación de los sueños mísma tiene un efecto en la vida psíquica, sobre todo la vivencia del "ah". Este proceso produce una ampliación del consciente, cambia interiormente el estado, produce un efecto educativo y terapéutico. Pero esto es raramente suficiente. Muchos sueños exigen consecuencias reales en la vida. Hay que vivir lo que se ha transformado en el interior. Esta realización significa mucho; aquí damos una orientación general:

➢ Hay que tomar una decisión.
➢ Hay que controlar su actuar con más concentración.
➢ Hay que aprender un nuevo actuar.
➢ Hay que elaborar más profundamente los temas biográficos.
➢ Hay que adquirir conocimientos.
➢ Hay que renovar el estilo de vivir.
➢ Hay que arreglar asuntos.
➢ Hay que cambiar actitudes y creencias.
➢ Hay que considerar más hechos ciertos.
➢ Hay que tomar más en serio el actuar moral.

12º Paso: La evaluación periódica de la realización

➢ Anotando los sueños y su interpretación en el diario hay que añadir las consecuencias prácticas; con ventaja subrayando estas consecuencias.

Cada día se puede determinar una consecuencia como lema del día. Es suficiente cuando uno da por la tarde un vistazo al día pasado para valorar el efecto de su comportamiento.

> La interpretación de los sueños es correcta y verdadera cuando la realización de las consecuencias en la vida diaria produce un efecto útil, fructuoso y de éxito.

Esto no ocurre de un día al otro. El Autoanálisis es costoso al inicio, pero con el tiempo aumentando la práctica cada uno desarrolla su sistema de protocolo. Nosotros todos sabemos y es verdad: ¡El ejercicio produce al maestro!

El protocolo de los sueños

Los doce pasos de la interpretación de los sueños ciertamente son penosos. Nuestra exposición sirve para aprender y ejercer. La propia interpretación de los sueños en realidad se hace en ocho puntos. Esto se llama el *protocolo de los sueños*. Este protocolo recoge lo esencial y es fácil manejar. Todas las dimensiones aprendidas y su importancia práctica se incorporan con el tiempo automáticamente en este protocolo. Aconsejamos anotar regularmente los sueños más importantes en una ficha, y clasificar el tema central. Es una regla poner la fecha del día al levantarse, también cuando el sueño ocurrió antes de medianoche.

Protocolo del sueño. Tema central:
Fecha:
Sueño:
Vivencia:
Imágenes claves:
Yo onírico:
Ideas espontáneas:
Consternación:
Interpretación entera:
Consecuencias:

La segunda fase de trabajo: Hacer preguntas sistemáticas y directivas

Las ideas espontáneas por lo general no bastan para interpretar un sueño suficientemente. Normalmente uno trabaja con preguntas ya cuando está buscando sus ideas espontáneas. Con las primeras reflexiones surgen automáticamente preguntas: "¿Qué es esto?" ¿De dónde viene esto?" "¿Qué tengo que ver yo con esto? Las preguntas de este modo producen los primeros enlaces de las imágenes oníricas con la persona y su vida. Así resulta clara la consternación. Podemos ampliar estas preguntas después de una interpretación entera sistemáticamente y con fines determinados.

Las preguntas sitúan el punto de vista. Hay que mirar exactamente en esta dirección. Luego se forman preguntas precisas lo que sirve para tratar profundamente las imágenes singulares y el sueño entero. Además, las preguntas facilitan la determinación del tema onírico y su relación con la persona y su vida. También es un proceso de aprendizaje del comprender.

➢ Toda comprensión empieza con preguntas. Con una pregunta echamos una ojeada concentrada hacia esta dirección.

La percepción de una imagen clave con una mirada concentrada resulta más diferenciada. Quiero listar una serie de preguntas que ayuden a coger su significado psicológico y práctico. Las preguntas están clasificadas según sus imágenes claves: Personas, acciones, acontecimientos, naturaleza, el mundo de los animales, objetos, escenarios, lo misterioso y los temas singulares. Las preguntas tienen la construcción en singular, pero valen también en su plural.

Las personas en el sueño

❑ ¿Cómo es la expresión de la persona? ¿Estatura? ¿Cara? ¿Gestos? ¿Movimientos? ¿Vestidos?

- ¿Qué sentimientos emite la persona? ¿Qué efecto tiene esta persona en mí? ¿Cómo lo experimento yo?
- ¿Es exactamente la misma persona como en la realidad? ¿O como está la persona en la realidad?
- ¿Tiene esta persona ciertos aspectos de carácter?
- ¿Hay que ver a esta persona en el contexto de ciertas actitudes y creencias?
- ¿Cómo me experimento en el sueño frente a esta persona?
- ¿En que relación estoy en el sueño con esta persona?
- ¿Qué pienso y qué siento sobre esta persona? (Actitudes)
- ¿Me sirve como modelo esta persona? (Ideal)
- ¿Pudiera ser que esta figura dijera algo sobre mí o sobre mi relación con ella?
- ¿Querría ser como este hombre? ¿Querría ser algo diferente? ¿Cómo entonces?
- ¿Se trata de una persona conocida de mi presente? ¿Qué es lo que me relaciona a esta persona?
- ¿Es alguien conocido de mi pasado? ¿Qué es lo qué me relaciona hoy a esta persona?
- Cuando se trata de una persona del pasado: ¿Tengo que elaborar algo pendiente en relación con esta persona?

Las acciones en el sueño

- ¿Qué hace esta persona en el sueño?
- ¿Por qué actúa esta persona de tal forma?
- ¿Qué hago yo en el sueño?
- ¿Por qué actúo yo así?
- ¿Me pide esta persona en el sueño que haga algo?
- ¿Me empuja esta persona?
- ¿Qué pienso yo sobre esta acción en el sueño?
- ¿Tendría que actuar de este modo en la vida real? ¿O al contrario?
- ¿Qué produciría esta acción en la vida real?
- ¿Cómo valoro yo esta acción en su aspecto moral y ético?

Los acontecimientos en el sueño

- ¿Qué ocurre exactamente?
- ¿Qué ha ocurrido antes?
- ¿Qué ocurrirá después?
- ¿Es peligroso este acontecimiento?
- ¿Qué tengo que ver yo con este acontecimiento?
- ¿Porqué ocurre este acontecimiento?
- ¿Cuáles son los efectos de este acontecimiento?
- ¿Qué ocurriría si fuera un acontecimiento real?

La naturaleza en el sueño

- ¿Se trata de la naturaleza en general? ¿De qué sentido exactamente?
- Agua: ¿Cómo está el agua?
- Fuego: ¿Cómo está el fuego? ¿Ardiendo? ¿Quemando? ¿Peligroso? ¿Santo?
- Tierra: ¿Cómo experimento la tierra? ¿Qué significa esta vivencia?
- Aire: ¿Cómo se mueve el aire? ¿Qué ambiente produce este aire?
- ¿Se trata del mundo de las plantas? ¿En su crecimiento? ¿Amenazando?
- ¿Sequedad? ¿Débil? ¿Pobre?
- ¿Hay frutas? ¿Lleno de fuerza?

El mundo de los animales en el sueño

- ¿Cuáles son los animales en el sueño?
- ¿Cómo actúa el animal en el sueño? ¿Hostil? ¿Agresivo? ¿Acercándose?
- ¿Cómo reacciona el animal?
- ¿Qué significa el lugar donde está el animal (en el sueño)?
- ¿Tengo experiencias personales con ese animal?
- ¿En qué relación estoy en el sueño con este animal?

Los objetos en el sueño

- ¿Qué objetos están en el sueño?
- ¿Qué tienen que ver estos objetos unos con otros?
- ¿Qué función (fin) tiene este objeto en la vida real?
- ¿Dónde hay tales objetos en la vida real?
- ¿Qué tengo que ver yo con este objeto?
- ¿En que relación podría ponerme con este objeto?
- ¿De qué modo actúa este objeto?
- ¿Cuál es el espacio libre de efecto de este objeto en la vida real?
- ¿Cómo me afecta en el sueño este objeto?
- ¿Qué puedo hacer yo con este objeto?

Los escenarios en el sueño

- ¿Dónde tiene lugar el escenario?
- ¿Conozco este lugar?
- ¿Qué significa este lugar para mí?
- ¿Qué ocurre de ordinario en tal lugar?
- ¿Qué tiene que ver la gente en el sueño con este lugar?
- ¿Qué tengo que hacer yo en este lugar?
- ¿Me encuentro en el sitio correcto o falso?
- ¿Qué pienso yo sobre tal escenario?
- ¿Esta vivencia tiene algo que ver con mis sentimientos?

Lo misterioso en el sueño

- ¿Qué exactamente es misterioso o mágico?
- ¿De dónde conozco estas imágenes? (Libros, iglesia, ciertos lugares)
- ¿Cómo es mi experiencia emocional de esta imagen?
- ¿Qué produce esta imagen en mi mente?
- ¿La imagen refleja la transcendencia, el mundo más allá?
- ¿Puedo sentir algo sobre el misterio del ser humano?
- ¿Puedo poner la experiencia de la imagen en mi búsqueda espiritual?

❑   ¿Se trata de algo de la religión? ¿En qué sentido?

Los temas singulares en el sueño

❑   ¿Se trata de algo de mi infancia?
❑   ¿Tengo recuerdos sobre 'juegos' sexuales en mi juventud?
❑   ¿Hay castigos y amenazas?
❑   ¿Afecta algo mis actitudes, creencias, valores e ideales?
❑   ¿Se refiere algo a actitudes y experiencias sexuales?
❑   ¿Se trata de mi crecimiento para llegar a ser un adulto, de procesos de madurez y crecimiento?
❑   ¿Estoy en una fase de vida esencial (algo antiguo, nuevo, cambiándose)?
❑   ¿Se trata de mi ser humano natural, de instinto y de pulsión?
❑   ¿Tiene que ver con mi estilo de vivir, mi modo de vivir?
❑   ¿Se trata de mi existencia profesional y/o personal?
❑   ¿Me enseña algo crítico de la vida social?
❑   ¿Se trata de una perspectiva crítica de la iglesia y de la religión?

La tercera fase de trabajo: La elaboración psicológica y práctica

Exactamente se trata aquí de una elaboración de los sueños ampliada y no más de la interpretación propia. La meta enfoca la relación entre el sentido onírico determinado y el organismo psíquico y la vida de la persona. Si no hacemos esto, no tiene mucho sentido interpretar los sueños. La persona no podría sacar consecuencias adecuadas y sobre todo no podría evaluar en la vida un éxito de la interpretación. Vale el principio:

➢   Cuanto más sabe uno sobre la vida psíquica y sobre la vida de los hombres, tanto más esencial va a ser el campo de sentido.

Aún no se trata de que cada uno que interpreta sus sueños tendríaa que hacer un estudio de psicología. Pero tiene una ventaja ampliar regularmente sus conocimientos psicológicos, sobre todo con la lectura. Hay muchos libros de divulgación sobre la psicología de la vida diaria, autoconocimiento, autocontrol, conocimiento y técnicas (hábitos) de vivir.

Voy a presentar a continuación preguntas, exposiciones y palabras claves para un estímulo flexible y abierto. La concepción del organismo psíquico es la fundación (ver en los libros de trabajo y de estudio; publicaciones del autor).

➤ Esta elaboración continua, psicológica y práctica, intenta coordinar el campo de los sentidos de los sueños o de una imagen onírica con la vida psíquica y real y las acciones de la persona que está soñando.

Los segmentos psíquicos singulares son:

1) Las acciones

Condiciones, enlace: ¿Podemos coordinar el significado de una acción en un sueño con fuerzas psíquicas interiores de la persona que está soñando y con factores del entorno vital?
Retrospectiva: ¿Dónde empezó esta manera de actuar? ¿Cómo pudo desarrollarse?
Prospectiva: ¿Adónde llega si estas acciones quedan siempre así? ¿Qué efecto producen las acciones en la vida real? ¿Cuál es el fin de esta acción?
Opciones: ¿Existen alternativas a esta acción? ¿Deseable? ¿No deseable?

2) El psico-dinamismo

Nervosidad. Tensión. Ajetreo. Reacciones de estrés.
Vitalidad. Pereza. Fuerza vital.
Estado de ánimo básico. Duración. Desencadenante.
Reacciones psico-somáticas. Predisposición. Irritabilidad.

Estabilidad y labilidad de la estructura energética. Predisposición de agotarse fácilmente.

Extroversión e introversión: Bien determinada. Incontrolable. Inflacionaria.

3) El yo y sus funciones ayudantes

Autocontrol consciente: Concentrado. Fresco. Dirigido. Competente. ¿O el contrario?

Autoimagen real: ¿Estoy realmente como me veo? ¿Qué no veo?

Autoimagen ideal: ¿Es realista o exagerada? ¿Se puede realizarla? ¿Hay una necesidad de cambio?

Defensa: ¿Qué es lo que defiendo regularmente? ¿Cómo estoy defendiendo? ¿Cómo efectúa mi dinamismo de proyección?

Capacidad de integración: ¿Qué es lo que puedo integrar? ¿En qué estoy abierto?

Voluntad: ¿Fuerte? ¿Débil? ¿Labil? ¿Fortalecida? ¿Flexible? ¿Rígida?

4) Los rendimientos inteligentes

La percepción dirigida conscientemente: Con fin, exacta, confusa, vaga, superficial.

Lengua: Diferenciada, multilateral, muy concreta, simplificando, reflexionando.

Pensar: Parcial, entero, con enlace multilateral, profundo, consecuente, realista.

Juicio: Muy emocional, objetivo, fundado, con prejuicios, según el espíritu de la época.

Memoria: Viva, fresca, bien entrenada, olvidadiza, superficial, poco flexible.

Aprendizaje: Activo, abierto, profundo, amplio. ¿Aprender permanente? ¿Raramente?

5) Los sentimientos

Principalmente experimentamos el espectro de los sentimientos en polaridades, es decir sentimientos positivos contra sentimientos negativos, amor contra odio, sentimientos constructivos contra sentimientos negativos. También podemos clasificar en sentimientos físicos (sensuales, corporales) y espirituales (con sentido alto, religioso, transcendental. Los sentimientos suelen ser débiles, fuertes, confusos y de corta o larga duración.

6) Las necesidades

Necesidades naturales básicas: Comer, beber, protección, temperatura, sexualidad, sensualidad, limitación del propio distrito, curiosidad, relajación física, trabajo (invertir sus fuerzas), dormir, etc.

Necesidades psíquicas básicas: Amor, abrigo, confianza, dedicación, conocimiento, descubrimiento, auto-identidad, autonomía, crecimiento, autorrealización, etc.

Necesidades espirituales básicas: Sentido de vida, arraigo en la transcendencia, experiencia de Dios, etc.

Necesidades artificiales: Reemplazan (compensan) las necesidades físicas y psíquicas.

7) El inconsciente

El inventario biográfico, los prototipos generales de vivir: Toda la experiencia y vivencia de la vida desde el tiempo prenatal, sobre todo su enlace.

Imágenes básicas sobre el ser humano, formadas por experiencias: Padre, madre, profesor, hombre, mujer, niño, cura, hombre de Estado, políticos, policía etc.

Superyo (la consciencia): Normas, leyes, prescripciones, reglas, Lo permitido y lo prohibido, muestra de castigo.

Construcciones de todo tipo de muestras en el campo de actitudes, creencias e ideales.

8) La espiritualidad

Valores espirituales: Todos los procesos arquetípicos.
Ser hombre con alma: Ser antes de poseer (poseer para ser).
Orientación transcendental en las preguntas básicas de la vida: ¿De dónde? ¿A donde? ¿Por qué?
El ser humano dentro del proceso psico-espiritual (individuación).

9) El amor

El amor es multilateral: Integración del ser psico-espiritual, crear sentido, vivir la verdad y la honradez, tomar la responsabilidad, percibir los intereses, alcanzar los valores más altos, la justicia, la conciliación, la humildad, el diálogo con el espíritu, el cuidado de la naturaleza y del mundo de los animales, etc.

El polo contrario de esta fuerza es: Odio, ausencia de amor, negación, avidez, ignorancia, egoísmo, auto-vivencia excitante, poder (en el sentido negativo), regresión, falta de respeto, estancamiento y reducción del ser humano al estado funcional y material, fundamentar la vida en ideología y dogmatismo (ignorando el espíritu).

10) El proceso de la individuación

Individuación significa: Transformación y crecimiento del sistema psíquico hasta una totalidad que funciona con armonía (equilibrio). Es decir: cambiar, corregir, equilibrar y formar a algo nuevo. El proceso de despliegue se caracteriza en pocas palabras: desarrollar, ampliar, fortalecer, diferenciar, enriquecer y dejar crecer un nuevo ser.

La pregunta básica es: ¿Hay una imagen onírica que me enseña donde estoy? He dividido el proceso de la individuación en tres etapas (ver: La Empírica de la individuación). Las palabras claves sirven para una primera orientación:

El inicio: Autoeducación general

1ª Etapa: Afirmación de la vida psíquica; descubrir, agrupar y comprender las fuerzas; el nuevo nacimiento del ser humano interno. – Reconocimiento de todo lo que hay en todos los subsistemas del organismo psíquico; comprender cómo la vida vivida ha formado la situación psíquica actual; Aprender en función de todos los subsistemas psíquicos; Identificar la necesidad de cambio y crecimiento. (Los subsistemas psíquicos del organismo psíquico corresponden a los puntos del 1 al 9 de la tercera etapa de la elaboración psicológica y práctica.

2ª Etapa: Aceptación del espíritu como principio de control (por los sueños); Transformaciones de todas las fuerzas psíquicas; Unificación (disolución) de las oposiciones – Transformación de cada fuerza singular; Fortalecimiento y despliegue de todos los subsistemas; Integración de cada subsistema hasta un equilibrio multilateral; comprender y aprovechar la lengua de cada subsistema.

3ª Etapa: Desde el principio psicológico de gobierno antiguo hasta el nuevo principio espiritual de control; Establecer una armonía entre el interior y el exterior; Cumplimiento de la totalidad – Fortalecer esta totalidad nueva; Arraigar la totalidad y su forma de vivir en el espíritu y en el amor; Realizar esta totalidad en todos los segmentos de la vida; Vivir la responsabilidad y la solidaridad para el ser humano psico-espiritual.

La meta: Vivir la individuación cumplida.

La elaboración con imaginación

Cada persona puede dentro de una meditación imaginar y experimentar otra vez su sueño. Esta práctica nos permite aclarar el campo de sentido. Además, se pueden integrar en el escenario nuevas figuras. Podemos dar luz donde está oscuro y tenebroso. Podemos abrir puertas cerradas y hablar con figuras desconocidas: "¿Qué quieres tú de mí? ¿Qué haces tu aquí?" Podemos integrar y preguntar a un sabio: "¿Qué quiere representar este escenario? ¿Qué dice esta imagen?" Y en tal imaginación podemos cambiar y ampliar un escenario. La imaginación permite superar momentos críticos, solucionar cualquier problema y cambiar un símbolo poco claro por otro símbolo parecido. Con la imaginación (activa) nos acercamos vivamente al sentido del mensaje. En los escenarios oníricos indeterminados podemos terminar lo que tiene un efecto de liberación. Imaginación es más que una ayuda de interpretación. La imaginación activa transforma el mundo de imágenes del inconsciente y con esto también su efecto psico-energético. (Ejemplos ver: Sueños. Imaginación. Energía psíquica.).

La elaboración en una relación terapéutica y analítica

Es habitual enfrentarse dentro de una sesión analítica (o terapéutica) con sus sueños y su interpretación. El psicoanalista o asesor contempla el sueño y da una resonancia. Es mucho más que una ayuda verbal de interpretación. El puede compenetrarse con el sueño mientras el cliente lo cuenta, expresar sus sentimientos y su vivencia, lo que amplía la elaboración y la interpretación. De ahí salen variantes de interpretación que ambos van a equilibrar con el dialogo y la confrontación. En grupos de auto-experiencia pueden jugar papeles, diálogos y acciones de un sueño. En un "psicodrama" la persona puede jugar el papel del yo onírico, mientras los otros participantes toman posesión de las otras figuras. Se pueden cambiar los papeles. (Ejemplos en: Sueños. Imaginación. Energía psíquica.

En una amistad y en una relación de amor el diálogo sobre los sueños propios es muy valioso. Así cada uno aprende a comprender mejor a su compañero, además ambos tienen muchos temas sobre lo más importante en la vida común. De paso el hábito de criticar al partenaire va a reducirse automáticamente. Los sueños dicen a cada uno lo que es importante para él y para la relación. Esto descarga la comunicación diaria enormemente. De este modo ambos pueden crecer y desarrollar su personalidad, uno al lado del otro. Naturalmente es una condición previa que ambos tomen en serio su fuerza espiritual, que lleven el diálogo con responsabilidad y honradez.

La elaboración corporal

Podemos reconocer la fuerza psico-energética de las imágenes en sensaciones y señales corporales. Con "rituales espontáneos" se puede expresar un escenario físicamente. Este trato creativo de los sueños y su interpretación está en uso por especialistas (terapeutas) que trabajan con orientación corporal.

La elaboración creativa

Una persona puede dibujar sus sueños, imágenes singulares o escenarios complejos. También se puede inventar una historia imaginativa y de este modo ampliar un sueño. No hace falta otra persona para este trabajo, se hace en casa. El producto (dibujo, texto) sirve también dentro de un trabajo analítico y terapéutico.

Puntos para recordar:

Primera fase de trabajo: La interpretación propia de los sueños

1º Paso: Dar un vistazo general en la arquitectura
2º Paso: Identificar las imágenes claves
3º Paso: Yo onírico y su posición
4º Paso: Ideas espontáneas y su enlace
5º Paso: Equilibrar la concordancia
6º Paso: Diferenciar el campo de sentido
7º Paso: Procedimiento con todas las imágenes claves
8º Paso: Interpretación completa
9º Paso: Concluir consecuencias
10º Paso: Coordinar las secuencias
11º Paso: Realizar las consecuencias en la vida
12º Paso: Valorar la realización posterior

Segunda fase de trabajo: Preguntas sistemáticas y directivas

Personas en el sueño
Acciones en el sueño
Acontecimientos en el sueño
Naturaleza en el sueño
Mundo de los animales en el sueño
Objetos en el sueño
Escenarios en el sueño
Lo misterioso en el sueño
Temas singulares en el sueño

Tercera fase de trabajo: La elaboración psicológica y práctica

Acciones
Psico-dinamismo
Funciones del yo
Rendimiento de la inteligencia
Sentimientos

Necesidades
Inconsciente
Espiritualidad
Amor
Proceso de la individuación
Temas de la vida

ISBN-13: 978-1536972160
ISBN-10: 1536972169

ISBN-13: **978-1542336888**
ISBN-10: **1542336880**

ISBN-13: 978-1542337977
ISBN-10: 1542337976

ISBN-13: 978-1540315441
ISBN-10: 1540315444

ISBN-13: 978-1542336604
ISBN-10: 1542336600

www.ingramcontent.com/pod-product-compliance
Lightning Source LLC
Chambersburg PA
CBHW060245290526
45789CB00001B/202